KB213880

금 강 경
위대한 명상

염불명상 독송집

학봉당 준수 강설

세 가지 지혜

"說法者 無法可說 是名說法"

설법이란
설할 만한 법이 없는 것을 일러
설법이라 한다

금강경 명상

배고프면 밥 먹어야 하고

목마르면 물 마셔야 하며

피곤하면 잠을 자야 하듯이

행복하려면 도를 닦아야 한다

경허선사 오도송

忽聞人語　無鼻孔
頓覺三千　是我家
六月燕岩　山下路
野人無事　太平歌

　어떤 사람의 콧구멍이 없다는 말을 듣는 순간 모든 사량 분별 차별망상이 사라지면서 삼천대천세계가 바로 내 집임을 깨달았다. 우주의 주인이 되는 순간이다. 너도 없고 나도 없으며, 신도 없고 부처도 없는 어디에도 걸림 없는 한 우리 마음자리이다.

　6월 연암산 하래 길에 일대사를 마친 자유로운 도인은 덩실덩실 태평가를 부른다. 행복이 무엇인가? 깨달아야 한다. 내가 우주의 주인임을 깨닫고 너와 나를 분별하는, 신과 만물을 차별하고 사량하는 마음을 항복받아야 한다.

경허선사 태평가

세상사 모든 일을 홀연히 생각하니 한바탕 꿈이로다. 一大事(일대사)를 깨치고자 깊은 산중 들어가니, 새소리 물소리가 은은히 들려오고 머루 다래 덩굴들이 천 길이나 높은 솔에 백 번이나 얽혔는데, 그 틈에다 터를 잡아 두어 칸 떼집 짓고, 뜻 맞는 벗과 함께 어떤 때는 풍월 읊고 어떤 때는 향을 피워 고요히 앉았으니

모든 망상 사라지고 한 생각 깨끗하여 世出世間(세출세간) 모든 이치 분명히 드러나니, 이 세상에 으뜸가는 훤칠한 대장부라. 無根草(무근초) 不濕水(불습수)를 배불리 먹은 뒤에 天森羅(천삼라) 地萬象(지만상)을 모조리 印可(인가)하고 재 머리 흙 얼굴로 꽃 피고 새 우는 곳 훨훨 뛰어다니면서 날라리 닐라리 태평가를 불러보세.

나무영산회상 불보살

9

일러두기

- 불법은 꼭 그래야만 하는 정해진 가르침이 아니다.

- 금강경은 선사를 만나면 선어록이 되고, 강사를 만나면 경전이 된다.

- 금강경은 우주만법의 공한 본성을 노래한 세존의 말씀이다.

- 이제 선사도 강사도 아닌 도심 속 貧道(빈도)가 금강경에서 空性(공성)을 보고 이렇게 풀었다.

- 금강경은 글이 아니다. 그 글이 담고 있는 더 큰 우주적 메아리다.

- 아난은 그렇게 들었고, 소명은 그렇게 나누었고, 나는 또 이렇게 듣고 이렇게 나누었다. 명안종사의 벼락 같은 喝(할)을 어찌 감당할꼬.

서문 목차

본경 목차

본경 목차

본경 목차

본경 목차

본경 목차

염불 명상 목차

도를 닦아야 한다

배가 고프면 밥을 먹어야 하고 목이 마르면 물을 마셔야 하듯이 건강하려면 戒學(계학)으로 몸을 간수하고 定學(정학)으로 마음을 다스려야 한다. 부자가 되려면 나누는 삶을 살아야 하고 행복하고자 하면 慧學(혜학)의 도를 닦아야 한다.

아마도 이것이 진리일 것이다. 나는 이렇게 알고 이렇게 말하며 이렇게 행하려 한다. 나는 초등학교 입학을 하면서 풀리지 않는 의문이 생겼다.

그것은 '나는 왜 태어났을까?' 였다. 그랬다. 나에게는 삼촌이 있었는데 산행을 자주 다녔다. "삼촌 어디가?"하고 물으면 매번 답하기를 "도닦으러 간다."였다. 그래서 언제부턴가 나도 도닦으러 태어났나 보다 하고 생각하게 되었고 바로 출가의 인연이 되었다.

18

세 가지 지혜

인간은 누구나 행복하고자 한다. 그래서 돈을 벌고 사랑도 하고 명예도 구하고 권력을 차지하려 한다. 중요한 건 이런 것을 다 이루었다 해도 행복하다고 보장할 수 없다. 그래서 도를 닦아야 하는 것이다.

이제 세 가지 지혜를 가지고 금강경을 통해 도 닦는 길을 찾으려 한다. 도를 닦는데 없어서는 안 되는 세 가지 지혜부터 알아야 한다.

첫째, 알아듣는 지혜[聞慧]이다. 모든 공부는 알아듣는 데에서 시작한다.

둘째, 사색하는 지혜[思慧]이다. 들었으면 그 내용을 곰곰이 생각하고 사색하는 것이다.

셋째, 실천하는 지혜[修慧]이다. 듣고 생각했으면 실천을 해 보아야 하는 것이다.

금강경 명상

이 세 가지 지혜를 가지고 금강경 명상을 통해 돈, 사랑, 명예, 권력이 없어도 행복할 수 있는 도를 닦아 가자는 것이다. 금강경은 如是我聞[이와 같이 나는 들었다]으로 시작해서 不取於相 如如不動[일체상이 허상임을 알기 때문에 여여하여 움직이지 않는다]에서 끝난다.

잘 알아듣는 지혜가 있다고 해도 깊이 생각하고 몸소 실천하는 지혜가 없으면 아무 소용이 없다. 또 바른 법을 만나는 인연이 없어도 안 된다.

금강경은 일체 차별상을 타파하고 공성을 드러내는 금강 같은 지혜로 무분별 무집착의 걸림 없는 삶을 설하고 있다. 일체 차별상이란 무엇일까? 일단 네 가지 상으로 압축해서 말하고 있다.

네 가지 상

我相(아상), 나니 너니 내 것이니 네 것이니 밉니 곱니 옳으니 그르니 하는 모든 상대적인 분별로 인한 차별상을 말한다.

人相(인상), 사람이니 아니니 남자니 여자니 광물이니 식물이니 동물이니 인물이니 신물이니 하는 일체 분별하는 마음으로 인한 차별상을 말한다.

衆生相(중생상), 중생이니 성인이니 부처니 예수니 마호메트니 공자니 노자니 교황이니 주교니 신부니 목사니 하는 일체 분별하는 마음으로 인한 차별상을 말한다.

壽者相(수자상), 수명이니 복덕이니 하늘이니 땅이니 창조주니 조물주니 여호와니 알라니 상제니 하는 일체 분별하는 마음으로 인한 차별상을 말한다..

한 우리 생명

한울님에서 하늘님이, 하늘님에서 하느님이 나오고, 한얼님에서 한 알님이, 한 알님에서 하나님이 나왔다. 형이 성이고 동생이 동상이다.

'한' 은 '크다' '넓다' '높다' 는 의미가 있고, '울' 은 '울타리' 이고 '우리' 의 줄임말이다. 결국 '하느님' 은 우리 조상들이 표현한, '크고 넓고 높은 울타리님' 이라는 말이다.

한 우리 안에서는 광물, 식물, 동물, 인물, 신물이 모두 한 몸이다. 광물은 다리이고 식물은 팔이고 동물은 몸통이고 인물은 얼굴이고 신물은 두뇌가 되는 것이다. 여기 어디에 너니 나니 인간이니 아니니, 중생이니 성인이니 창조주니 조물주니가 있겠는가?

앉아서 사유하라

금강경에서 수보리가 던진 질문인 크고 밝고 넓은 한울 같은 마음을 낸 사람은 어디에 머물러야 하며 어떻게 그 마음을 항복시켜야 합니까? 하는 화두를 앉아서 사유해 보라.

여기에 세존께서 답하시기를, "일체 분별하는 마음으로 인한 차별심을 타파하고 공성[한 우리]에 머물며 그렇게 분별심을 차별심을 항복시켜야 하느니라." 라는 법문을 사유하고 실천하라.

모든 고통은 바로 분별하고 차별하는 마음에서 생긴다. 아상뿐이 아니라 부처상 법상 비법상 창조주상 조물주상에 이르기까지 일체상은 관념적 분별에 지나지 않는다. 몽환포영이며 이슬 같고 번개 같은 허망한 것이니 이와 같이 관찰해야 한다.

경을 펼치오며

淨口業眞言

구업으로 지은업을 맑게하는 진언이라

『수리수리 마하수리 수수리 사바하』(3번)

五方內外 安慰 諸神 眞言

오방내외 모든신을 안위하는 진언이라

『나무 사만다 못다남 옴 도로도로 지미 사바하』(3번)

개경게 송

無上甚深 微妙法
百千萬劫 難遭遇

가장높고 심히깊은 부처님의 미묘법문
백천만겁 지나도록 만나기란 어려워라

我今聞見 得受持
願解如來 眞實意

제가이제 다행히도 보고듣고 지니오니
부처님의 진리말씀 모두알게 하사이다

開法藏眞言

금강반야 대법문을 바로여는 진언이라

『옴 아라남 아라다』(3번)

金剛般若波羅蜜經

三藏法師 鳩摩羅什 奉詔譯

법회가 열리다

 들었다는 말에는 기억한다는 의미가 있다. 어떻게 하여야 잘 듣고 잘 기억할 수 있는가?
 '라즈니쉬 금강경 강의에 있는 글' 이다.

 "나는 부처님과 조화를 이루었습니다. 나는 부처님과 같은 파장으로 물결칠 준비가 되었습니다. 나는 부처님께 귀의합니다. 나는 제자로서 여기에 왔으며 내가 아무것도 모른다는 사실을 압니다.

 나는 순진무구한 마음으로 여기에 왔으며, 나는 부처님께 절합니다. 부처님은 모든 것을 알고 있으며 나는 모른다는 사실을 인정합니다. 부처님께서 내가 기꺼이 받아들여야 한다고 생각하는 것이 있다면 무엇이든지 받아들일 준비가 되어 있습니다."

부처님을 만나다

如是我聞하사오니 一時에 佛이 在舍衛
國의 祇樹, 給孤獨園하사 與大比丘
衆 千二百 五十人과 俱하시다

이와 같이 내가 들었다. 어느 때 부처님께
서 사위국 기타숲의 고독한 이들을 돕는
이의 동산에서 대 비구중 천이백오십인
과 함께 계시었다.

자리를 펴고 앉으시다

爾時에 世尊이 食時라 着衣持鉢하시고
入舍衛大城하사 乞食하실새 於其城
中에 次第乞已하시고 還至本處하사 飯
食訖하시고 收衣鉢하시고 洗足已하시고
敷座而坐하시다

그때 세존께서 밥 때가 되자, 가사를 입고
발우를 들고 사위성에 들어가 차례로 걸
식을 하시었다. 그리고 본래 자리로 돌아
와 공양을 마치고 가사와 발우를 거두고
발을 씻은 다음 자리를 펴고 앉으셨다.

법회인유분

30

법을 청하다

 행복하게 사는 법을 들으려면 선각자에게 물어야 한다. 앞 장에서 부처님에 대한 확고한 믿음을 세우고 본 장에서는 발심을 하는 것이다. 부처님은 세상에서 가장 행복한 분이시다.

 우리도 부처님처럼 행복한 삶을 살기 위해서는 부처님의 가르침을 정중하게 예를 갖추어 청해야 한다. 세상에서 가장 으뜸가는 칭찬은 부처님 같다는 말일 것이다.

 모르면 질문도 할 수 없다. 수보리는 이미 알고 있다. 다만 부처님과 장단을 맞추어 말세의 분별 많고 차별하기 좋아하는 무지한 중생을 위해서 그 대역을 자청하신 것이다. 한 우리 안에서 유유자적 행복을 누리시는 부처님의 삶을 거듭 예찬해야 할 것이다.

세존을 찬탄하다

時에 長老須菩提가 在大衆中이라가
即從座起하야 偏袒右肩하고 右膝着
地하며 合掌恭敬하고서 而白佛言하대
希有世尊하 如來가 善護念諸菩薩하
시며 善付囑諸菩薩하시나이다

때에 장로 수보리가 대중 가운데 있다가
자리에서 일어나 오른쪽 어깨를 드러내
고 오른쪽 무릎을 땅에 대고 합장 공경하
면서 부처님께 아뢰었다. 희유하십니다.
세존이시여! 여래께서는 모든 보살을 잘
호념하시고 보살에게 잘 당부하십니다.

선현기청분

가르침을 청하다

世尊하 善男子나 善女人이 發阿耨多
羅三藐三菩提心하고는 應云何住며
云何降伏其心하리닛고

세존이시여! 선남자나 선여인이 크고 밝
고 넓은 깨달은 마음을 일으킨 이는 어디
에 머물러야 하며 미혹한 마음은 어떻게
항복받아야 하나이까.

세존이 수락하시다

佛言하사대 善哉善哉라 須菩提야 如
汝所說하야 如來가 善護念諸菩薩하
며 善付囑諸菩薩하나니 汝今諦聽하라
當爲汝說하리라

부처님이 말씀하셨다. 참으로 장하도다!
수보리야, 너의 말과 같이 여래가 보살을
잘 보살피고 잘 당부하느니라. 자세히 들
으라. 마땅히 너희를 위해 설하리라.

善男子나 善女人이 發阿耨多羅三
藐三菩提心인데는 應如是住며 如是
降伏其心이니라 唯然 世尊하 願樂欲
聞하나이다.

선남자나 선여인이 크고 밝고 넓은 깨달
은 마음을 일으킨 이는 평등한 마음에 머
물고 차별하는 마음은 이와 같이 항복받
아야 하느니라. 그러하나이다. 세존이시
여, 바라건대 간절히 듣고자 하나이다.

선현기청분

대승! 한 우리 마음

한 울안에 사는 존재는 한 몸이다. 광물 식물 미물 동물 인물 신물, 이 안에 사는 모든 존재를 이롭게 하고자 하는 마음을 내어야 한다. 이 마음이 제일가는 마음이고 광대한 마음이며 청정한 마음이고 한 우리 마음이다.

가장 중요한 마음이 뒤바뀌지 않는 마음이다. 나니 너니 밉니 곱니 옳으니 그르니 하는 편 가르는 마음, 분별하고 차별하는 마음에 걸리면 안 된다. 사람이니 아니니 백인이니 흑인이니 남자니 여자니 광물이니 식물이니 동물이니 인물이니 신물이니 하는 분별심이 있으면 안 된다.

중생이니 성인이니 부처니 예수니 공자니 노자니 교황이니 신부니 목사니 하는 차별심이 있어도 안 된다. 수명이니 복덕이니 하늘이니 땅이니 창조주니 조물주니 여호와니 알라니 상제니 하는 분별심이 있어도 안 된다.

항복받는 법을 설하다

佛이 告須菩提하사대 諸菩薩摩訶薩이 應如是降伏其心이니 所有一切 衆生之類인 若卵生커나 若胎生커나 若濕生커나 若化生커나

부처님이 수보리에게 말씀하셨다. 모든 보살마하살은 이와 같이 분별하는 마음을 항복시킬 것이니 모든 중생의 종류인 난생이거나 태생이거나 습생이거나 화생인 중생이거나

중생을 위하는 마음으로

若有色, 若無色커나 若有想, 若無想커나 若非有想, 非無想을 我皆令入 無餘涅槃하야 而滅度之하리라 하라

유색이거나 무색이거나 생각이 있거나 생각이 없는 중생이거나, 생각이 있는 것도 아니고 없는 것도 아닌 일체 모든 중생을 내가 모두 이롭게 하여 해탈열반에 들게 하리라 하라.

如是滅度 無量, 無數, 無邊衆生하되 實無衆生이 得滅度者니 何以故오 須菩提야 若菩薩이 有我相, 人相, 衆生相, 壽者相하면 則非菩薩이니라.

이와 같이 헤아릴 수도 없는 많은 중생을 이롭게 하여 제도하였다지만 어느 한 중생도 제도한 바가 없어야 하나니, 왜냐하면 수보리야, 보살은 아상과 인상, 중생상과 수자상이 있으면 곧 진실한 보살이 아니기 때문이니라.

대승정종분

묘행으로 행하라

묘행이다. 한 우리 안에 있는 일체 중생을 한 우리 생명으로 알고 한 우리 마음으로 한 우리 행을 행하는 것이다. 여기에는 빌고 부탁할 신이 없다. 내가 바로 그 마음을 내고 그 행을 하면 되는 것이다. 어찌 묘한 행이 아니겠는가?

초기아함경 불교를 說相敎(설상교)라 한다. 상을 설하는 가르침이라는 말이다. 본 장에 나오는 색성향미촉법은 여섯 가지 대상을 말한다. 오온, 육근, 육경, 육식, 사성제, 십이연기법 등이 모두 설상교다.

중기반야경 불교를 破相敎(파상교)라 한다. 앞의 설상교의 모든 상을 타파하는 가르침이다. 금강경은 바로 파상교에 해당한다. 하니 일체 모든 상을 낱낱이 타파해서 어디에도 붙일 곳이 없게 하는 것이다.

보시하는 법을 설하다

復次 須菩提야 菩薩이 於法에 應無
所住하야 行於布施니 所謂不住色布
施며 不住聲香味觸法布施니라

다음에 수보리야, 보살은 어떤 조건에도
머물지 말고 나눔을 행할 것이니, 이른바
형상에 머물지 말며, 소리와 냄새, 맛과
감촉과 온갖 차별하는 법에 머물지 말고
나눔을 행해야 할지니라.

묘행무주분

참된 보시의 공덕

須菩提야 菩薩이 應如是布施하야 不
住於相이니 何以故오 若菩薩이 不住
相布施하면 其福德을 不可思量이니라

수보리야, 보살이 이렇게 나눔을 행하되
차별상에 머물지 말 것이니, 왜냐하면 보
살이 차별상에 머물지 않고 나눔을 행하
면 그 복덕을 헤아릴 수 없기 때문이니라.

비유로 말씀하다

須菩提야 於意云何오 東方虛空을 可
思量不아 不也니다 世尊하 須菩提야
南西,北方,四維,上下虛空을 可思
量不아 不也니다 世尊하

수보리야, 어떻게 생각하느냐? 동쪽 허공
을 헤아릴 수 있겠느냐? 할 수 없나이다.
세존이시여! 수보리야, 남서북방과 사유
간방과 상하의 허공을 헤아릴 수 있겠느
냐? 할 수 없나이다. 세존이시여!

보시 공덕을 맺다

須菩提야 菩薩의 無住相布施하는 福德도 亦復如是하야 不可思量이니라 須菩提야 菩薩은 但應如所敎住니라

수보리야, 보살이 차별상에 머물지 않고 나눔을 행하면, 그 복덕도 이와 같아서 생각으로 헤아릴 수 없느니라. 수보리야, 보살은 응당 가르친 바와 같이 머물지니라.

있는 그대로 보라

후기 대승불교를 顯性敎(현성교)라 하는데 파상을 하고 나면 차별상이 아닌 평등한 본성이 드러난다는 가르침이다. 그렇다. 여래는 바로 허망한 차별상이 아니라 본래 평등한 한 우리의 모습이기 때문이다.

바닷물이 햇빛을 받으면 수증기가 되어 허공으로 올라가는데 가벼우면 머물다가 무거우면 다시 지상으로 내려온다. 내려올 때 기온의 차이로 비가 되기도 하고 눈이 되기도 하며 안개 이슬 서리 얼음 갖가지 차별상이 만들어진다.

어떤 모양을 하고 있든지 그 본래의 성품은 물의 본성인 습성을 지니고 있다. 여기서 모양으로 보면 낱낱이 차별이지만 물의 본성인 습성은 즉 불성의 차원에서 보면 변함없이 평등한 이치인 것이다.

부처상도 내지 말라

須菩提야 於意云何오 可以身相으로
見如來不아 不也니다 世尊하 不可以
身相으로 得見如來니 何以故오 如來
가 所說身相은 卽非身相이니다.

수보리야, 어떻게 생각하느냐? 육신의 몸
매로써 여래를 볼 수 있겠느냐? 아닙니다.
세존이시여, 육신의 몸매로는 여래를 볼
수 없나니, 왜냐하면 여래께서 말씀하신
몸매는 바로 몸매가 아니기 때문입니다.

佛이 告須菩提하사대 『凡所有相이 皆是虛妄이니 若見諸相이 非相하면 則見如來』하리라.

부처님이 수보리에게 말씀하셨다. "일체 모든 현상은 허망한 것이니, 모든 현상 속에서 진실상을 볼 수 있다면 곧 여래를 보리라."

바른 믿음은 드물다

여기에서 우리는 몇 가지 행운에 감사해야 한다. 부처님 법이 있는 땅에 부처님 법이 있는 시대에 사람으로 태어난 행운이고, 부처님 법을 수용할 만한 집안과 정진하기에 적당한 신체 조건을 갖춘 행운이고, 정법도량에서 좋은 도반을 만나 정법을 함께하는 행운이고, 이제 남은 것은 이러한 행운에 감사하고 진심으로 부처님 가르침을 행하고 널리 펴는 행운일 것이다.

부처님 가르침은 신의 뜻이라 맡기고 빌거나 우연이라 방치하는 어리석은 삶이 아니다. 순간순간 마음을 챙기고 자신을 통찰하며 향상의 길로 나아가려는 정진이 있어야 한다. 지금 바로 이 순간에 마음으로 생각하고 입으로 말하며 몸으로 행동하는 모든 행위가 미래의 결과로 나타난다는 바른 인식으로 사는 것이다.

법을 누가 믿겠는가?

須菩提가 白佛言하되 世尊하 頗有衆
生이 得聞如是한 言說章句하고 生實
信不이닛가

수보리가 부처님께 아뢰었다. 세존이시
여, 어떤 중생이 이와 같은 말씀이나 글귀
를 보고 듣고 실다운 믿음을 낼 수 있겠나
이까.

믿는 자는 있다

佛이 告須菩提하사대 莫作是說하라 如
來滅後 後五百歲에 有持戒修福者
가 於此章句에 能生信心하야 以此爲
實하리니

부처님이 수보리에게 말씀하셨다. 그런
말을 하지 말라. 여래가 가신 지 이천오백
년 뒤에도 계를 받아 지니고 복을 닦는 자
가 있어서 능히 이와 같은 말과 글귀에 믿
는 마음을 내어 진실하게 여기리라.

當知是人은 不於一佛二佛과 三四
五佛에 而種善根이라 已於無量 千
萬佛所에 種諸善根하야 聞是章句하
고 乃至一念에 生淨信者니라.

마땅히 알라. 이런 사람은 한두 부처님이나
셋 넷 다섯 부처님께만 착한 믿음의 씨앗
을 심었을 뿐만 아니라, 한량없는 천만 부
처님 처소에서 착한 믿음의 씨앗을 심은
사람이니, 이러한 법문을 들으면 한 생각
에 청정한 믿음을 내느니라.

정신희유분

다 알고 보나니

須菩提야 如來가 悉知悉見하나니 是
諸衆生이 得如是無量福德하리니 何
以故오 是諸衆生이 無復我相, 人相,
衆生相, 壽者相하며 無法相하며 亦無
非法相이니라.

수보리야, 여래는 이 모든 중생이 이와 같
이 한량없는 복덕을 얻게 됨을 다 알고 보
나니, 왜냐하면 이 모든 중생은 다시는 아
상, 인상, 중생상, 수자상이 없으며, 진리
라는 법상도 없고, 진리가 아니라는 비법
상도 없기 때문이니라.

정신희유분

지혜문을 거듭 밝히다

何以故오 是諸衆生이 若心取相하면
則爲着我人衆生壽者요 若取法相이
라도 卽着我人衆生壽者니라 何以故
오 若取非法相이라도 卽着我人衆生
壽者니라.

왜냐하면 중생이 마음에 차별상을 취하
면 바로 아,인,중생,수자의 온갖 분별상에
집착되기 때문이며, 진리라는 법상을 취
하여도 아,인,중생,수자의 온갖 차별상에
걸리게 되며, 진리가 아니라는 비법상을
취하여도 바로 아,인,중생,수자의 온갖 분
별상에 걸리기 때문이니라.

중도의 이치를 보이다

是故로 不應取法이며 不應取非法이니 以是義故로 如來가 常說하대 汝等比丘는 知我說法을 如筏喩者라하노니 法尙應捨어든 何況非法이랴.

그러므로 이 법을 취하지도 말고, 저 법을 취하지도 말 것이니, 때문에 여래가 말하기를 "너희 비구는 내가 말한 바 법이 뗏목과 같은 줄을 알라" 하였으니 이 법도 버려야 하거늘 하물며 저 법이겠느냐?

얻음도 설함도 없다

깨달음과 설법에 대한 상을 타파하기 위하여 세존께서 수보리에게 묻고 수보리가 지혜롭게 답을 올리는 장이다. 모든 문제는 분별하고 차별하는 마음에서 생긴다.

중생의 모든 갈등과 고뇌는 무지한 마음에서 사량하고 분별하며 차별해서 집착하게 되는데, 집착하게 되면 갈등과 고통은 필연이다. 분별은 하더라도 집착은 하지 말라는 말이 있다.

한 우리 생명, 한 우리 마음을 깨닫고 한 우리 행을 하게 되면 어떤 차별상도 초월하게 된다. 이 차원이 바로 무위의 세계이다. 깨달은 이들은 안다. 모든 차별은 바로 무위의 차원에서 벗어나지 않는다는 것을. 금강경은 알고 있다.

세존이 물으시다

須菩提야 於意云何오 如來가 得阿耨
多羅三藐三菩提耶아 如來가 有所
說法耶아

수보리야, 어떻게 생각하느냐? 여래가 크
고 밝고 넓은 깨달음을 얻었느냐. 여래가
말한 바 법이 있느냐?

수보리가 답하다

須菩提가 言하되 如我解佛이 所說義
컨댄 無有定法하야 名阿耨多羅三藐
三菩提며 亦無有定法하야 如來可說
이니다.

수보리가 아뢰었다. 제가 여래께서 말씀
하신 바 뜻을 알기로는 크고 밝은 깨달음
이라고 이름할 정해진 법이 없으며, 여래
께서 설했다고 할 만한 정해진 법도 없나
이다.

취하거나 설할 수 없는 법

何以故오 如來所說法은 皆不可取며
不可說이며 非法이며 非非法이니 所以
者何오 一切賢聖이 皆以無爲法으로
而有差別이니다.

왜냐하면 여래께서 말씀하신 진리는 취
할 수도 없고 설할 수도 없으며, 진리도
아니고 진리 아닌 것도 아니기 때문이니,
왜냐하면 깨달은 성현은 차별이 없는 무
위법 위에서 차별이 있기 때문입니다.

새롭게 태어나라

 이제 깨달음의 눈을 뜨고 거듭 새롭게 태어나야 한다. 불교경전은 거의 다섯 단락으로 이루어져 있다. 첫 단락은 因緣分(인연분)이라 해서 법의 인연을 만나 믿음을 내고 발심하게 하는 내용이다.

 둘째 단락은 見道分(견도분)이라 해서 세존께서 조목조목 법을 설하시어 우리가 깨달아야 할 도를 보여주는 대목을 말한다.

 셋째 단락은 修道分(수도분)이라 해서 앞의 견도한 내용을 차근차근 닦아가는 대목을 말한다. 이제 앞 장에서 크고 밝고 넓은 깨달음의 도를 보였으니 본 장에서는 범부의 차별심을 버리고 새롭게 태어나는 것이다. 불교는 자각의 종교이다. 묵은 견해를 버리고 공한 자리로 돌아와야 한다.

공덕상을 버려라

須菩提야 於意云何오 若人이 滿三千
大千世界七寶로 以用布施하면 是人
의 所得福德이 寧爲多不아 須菩提가
言하되 甚多니다.

수보리야, 어떻게 생각하느냐? 어떤 사람
이 삼천대천세계에 가득한 칠보를 가지
고 보시했다면 이 사람이 얻는 복덕이 얼
마나 많겠느냐? 수보리가 아뢰었다. 매우
많겠나이다.

복덕은 정한 성이 없다

世尊하 何以故오 是福德이 即非福德
性일새 是故로 如來가 說福德多니다.

세존이시여, 왜냐하면 이 복덕은 복덕의
본성이 아니기 때문입니다. 그러므로 여
래께서 복덕이 많다고 말씀하시나이다.

사구게 만이라도

若復有人이 於此經中에 受持乃至
四句偈等하야 爲他人說하면 其福이
勝彼하리니

어떤 사람이 본경 가운데 사구게 만이라
도 받아 지니고 남을 위해 말해 준다면 그
복덕이 앞의 복덕보다 뛰어나리라.

불법상도 내지 말라

何以故오 須菩提야 一切諸佛과 及諸佛阿耨多羅三藐三菩提法이 皆從此經出이니라. 須菩提야 所謂佛法者는 卽非佛法이니라.

왜냐하면 수보리야, 모든 부처님과 부처님이 깨달으신 법이 본경에서 나오기 때문이니라. 수보리야, 이른바 불법이라 하는 것도 단지 불법이라 이름할 뿐이니라.

차별상은 본래 없다

불교는 수행단계를 잘 알고 그 과정에 맞게 수행해야 한다. 먼저 유치원 과정이다. 무조건 따라하는 것이다. 예불문 외우고 반야심경 외우고 천수경 따라하고 손들어 하면 손들고 알아서 해야 한다.

다음은 초등 과정이다. 초기 경전의 業說(업설)을 배우는 단계로 세 가지 행위[三業]에 대해 알아야 한다. 몸으로 행동하고 입으로 말하며 마음으로 생각한다는 이치를 아는 것이다.

다음은 중등 과정이다. 고집멸도 四聖諦(사성제)를 터득하는 단계인데 이것은 괴로움이다. 이것은 괴로움의 원인이다. 이것은 괴로움의 소멸이다. 이것은 괴로움의 소멸에 이르는 도이다. 하는 것을 인식하고 알아가는 것이다. 보통 중학생이 되면 비로소 인간의 근원적 괴로움을 인식하게 된다고 한다.

근기에 맞게 실천하라

 다음은 고등 과정이다. 十二緣起(십이연기)를 배우는 단계이다. 이 나이에는 철학적 사고가 가장 왕성한 때이다. 우주의 법칙, 인간의 삶과 죽음을 철학적으로 탐구하는 시기인 것이다. 연기의 원리와 인생의 나고 죽음을 십이연기를 통해 명상하고 깨달아 가는 것이다.

 다음은 대학 과정이다. 대학에서는 배우는 것이 아니라 실천해야 한다. 六波羅蜜(육바라밀)을 통해 나라와 사회와 인류에게 어떻게 봉사할 것인가를 경험하는 단계이다.

 끝으로 대학원 과정이 있다. 각자 타고난 재능을 펼치고 자신이 전공한 방편으로 중생제도의 삶을 사는 단계이다. 본 장은 修道分(수도분)의 시작으로 단계별로 정진해 가는 내용이며, 아울러 금강경 종지에 맞게 성인이라는 상을 타파하는 장이기도 하다.

須菩提야 於意云何오 須陀洹이 能作
是念하대 我得須陀洹果不아 須菩提가
言하사대 不也니다 世尊하 何以故오 須陀
洹은 名爲入流로대 而無所入이니 不入
色聲香味觸法일새 是名須陀洹이니다.

수보리야, 어떻게 생각하느냐? 수다원이 생
각하기를 내가 수다원과를 얻었노라 하겠
느냐? 수보리가 아뢰었다. 아닙니다. 세존
이시여, 왜냐하면 수다원을 성인의 흐름
(聖流)에 들었다고 말하지만 들어간 바가
없으며, 색,성,향,미,촉,법 등의 차별상에
들지 않기에 수다원이라 이름할 뿐입니다.

須菩提야 於意云何오 斯陀含이 能作
是念하대 我得斯陀含果不아 須菩提
가 言하사대 不也니다 世尊하 何以故오
斯陀含은 名一往來로대 而實無往來
일새 是名斯陀含이니다.

수보리야, 어떻게 생각하느냐? 사다함이
생각하기를 내가 사다함과를 얻었노라
하겠느냐? 수보리가 아뢰었다. 아닙니다.
세존이시여, 왜냐하면 사다함은 이름이
한번 갔다 온다는 말인데, 실은 가고 온다
는 차별상을 내지 않기에 사다함이라 이
름할 뿐입니다.

일상무상분

67

須菩提야 於意云何오 阿那含이 能作
是念하대 我得阿那含果不아 須菩提
가 言하되 不也니다 世尊하 何以故오 阿
那含은 名爲不來로대 而實無不來일
새 是故로 名阿那含이니다.

수보리야, 어떻게 생각하느냐? 아나함이
생각하기를 내가 아나함과를 얻었노라
하겠느냐? 수보리가 아뢰었다. 아닙니다.
세존이시여, 왜냐하면 아나함은 이름이
오지 않는다는 말이오나 실은 오지 않는
다는 분별심을 내지 않기에 아나함이라
이름할 뿐입니다.

일상무상분

성인이란 상도 버리다

須菩提야 於意云何오 阿羅漢이 能作
是念하대 我得阿羅漢道不아 須菩提
가 言하되 不也니다 世尊하 何以故오 實
無有法을 名阿羅漢이니

수보리야, 어떻게 생각하느냐? 아라한이
생각하기를 내가 아라한의 도를 얻었노
라 하겠느냐? 수보리가 아뢰었다. 아닙니
다. 세존이시여, 왜냐하면 진실로 아라한
이라고 이름할 만한 정해진 법이 없기 때
문입니다.

나한상이 없다

世尊하 若阿羅漢이 作是念하대 我得
阿羅漢道라하면 即爲着我,人,衆生,
壽者니다.

세존이시여, 아라한이 생각하기를 내가
아라한 도를 얻었노라 하면 이는 곧 아,인,
중생,수자 등 분별상에 떨어질 것입니다.

무쟁삼매

世尊하 佛說我得無諍三昧人中에
最爲第一이라 是第一離欲阿羅漢이
라 하나 世尊하 我不作是念하대 我是離
欲阿羅漢이라 하나이다.

세존이시여, 저를 다툼이 없는 삼매를 얻
은 사람 가운데서 욕심을 벗어난 첫째가
는 아라한이란 말씀하지만 세존이시여,
저는 욕심을 떠난 아라한이라는 생각이
전혀 없나이다.

일상무상분

71

아란나행

世尊하 我가 若作是念하대 我得阿羅漢道라 하면 世尊이 即不說須菩提가 是樂阿蘭那行者라 하거니와 以須菩提가 實無所行일새 而名須菩提가 是樂阿蘭那行이라 하나이다.

세존이시여, 제가 아라한 도를 얻었다고 생각한다면 세존께서는 제가 아란나행을 즐기는 자라고 말씀하지 않으셨을 것인데, 제가 그런 생각이 전혀 없기 때문에 수보리가 고요한 아란나행을 좋아하는 자라고 이름하시나이다.

정토를 장엄하다

지나가 버린 과거에 매이지 말고 오지 않은 미래에 매달리지 말고 지금 바로 여기에 충실하라. 그러나 현재도 지나가게 하라. 앞 장 성문상에 이어 보살상과 창조주상도 없음을 밝힌다.

생각은 사실과 다르다는 것을 항상 염두에 두라. 중생은 자신의 생각이 사실인 것처럼 착각한다. 이것은 엄청난 오류이다. 명심하라. 내 생각이 사실이 아니라는 것을 인정하고 자기 착각에 빠져 힘겨워 하는 어리석음에 떨어지지 말아야 한다.

應無所住(응무소주) 而生其心(이생기심) 마음은 조건에 의해 반응한다. 행복하려고 도를 닦는 사람은 조건에 관계없이 마음을 내어야 한다. 조건 없는 마음을 쓰라 無爲心內(무위심내)에서 慈悲心(자비심)을 일으켜야 한다.

연등부처님 전에서

佛이 告須菩提하사대 於意云何오 如來가 昔在燃燈佛所하야 於法에 有所得不아 不也니다 世尊하 如來가 在燃燈佛所하사 於法에 實無所得이니다.

부처님이 수보리에게 말씀하셨다. 수보리야, 어떻게 생각하느냐? 여래가 옛적에 연등불 처소에서 얻은 바 법이 있느냐? 아닙니다. 세존이시여, 여래께서는 연등불 처소에서 얻은 바 법이 없나이다.

장엄정토분

보살상을 내지 말라

須菩提야 於意云何오 菩薩이 莊嚴佛
土不아 不也니다 世尊하 何以故오 莊
嚴佛土者는 卽非莊嚴일새 是名莊嚴
이니다.

수보리야, 어떻게 생각하느냐? 보살이 불
국토를 장엄한다고 하겠느냐? 아닙니다.
세존이시여, 왜냐하면 보살이 불국토를
장엄하는 것은 곧 장엄이 아니라 이름하
여 장엄일 뿐입니다.

머무는 바 없이

是故로 須菩提야 諸菩薩摩訶薩이 應如是生淸淨心이니 不應住色生心하며 不應住聲香味觸法生心이요 應無所住하야 而生其心이니라.

그러므로 수보리야, 발심한 보살은 이와 같이 청정한 마음을 낼지니, 형상에 머물지 말고 마음을 낼 것이며, 소리와 냄새, 촉감과 심리적 법에도 머물지 말고 마음을 내어야 할지니라.

창조주상도 내지 말라

須菩提야 譬如有人이 身如須彌山
王하면 於意云何오 是身이 爲大不아
須菩提가 言하되 甚大니다 世尊하 何以
故오 佛說非身이 是名大身이니다.

수보리야, 어떤 사람의 몸이 수미산만 하
다면 어떻게 생각하느냐? 몸이 크다고 하
겠느냐? 수보리가 아뢰었다. 매우 큽니다.
세존이시여, 왜냐하면 부처님께서 말씀
하시되 몸이 아니라 이름하여 진정 몸이
아닌 것을 큰 몸이라 하셨기 때문입니다.

무위복을 누리다

無爲福(무위복)을 누리는 복이 얼마나 수승한 것인지를 설명하고자 먼저 항하와 모래의 비유를 들었다. 갠지스강가에 있는 모래, 그 모래만큼 많은 갠지스, 그리고 그 모든 갠지스에 있는 모래만큼 많은 수, 이쯤 되면 상상이 어렵다.

다음은 삼천대천세계와 칠보의 비유를 들어서 그 복을 말하고, 마지막으로 본경을 수지 독송하는 복이야말로 앞의 보시의 복보다 매우 수승함을 밝히고 있다. 분별 집착의 좁은 세계에서 전부인양 아등바등 살던 중생이 금강경을 만나 무분별 무집착의 무위복을 누리게 되는 것이다.

뒤에서도 밝히겠지만 금강경은 경전을 수지 독송하는 공덕을 여러 차례 설하고 있다. 보시는 복덕이고 지혜는 공덕이다. 복은 업장을 이루고 지혜는 해탈을 이룬다.

須菩提야 如恒河中에 所有沙數하야
如是沙等恒河가 於意云何오 是諸
恒河沙가 寧爲多不아 須菩提가 言하
되 甚多니다 世尊하 但諸恒河도 尙多
無數온 何況其沙리닛가

수보리야, 항하에 있는 모래 수처럼 많은
항하가 있다면 어떻게 생각하느냐? 모든
항하에 있는 모래가 얼마나 많겠느냐? 수
보리가 아뢰었다. 매우 많겠나이다. 세존
이시여, 모든 항하만 해도 한없이 많을 것
인데 하물며 그 항하 가운데 있는 모래이
겠나이까.

무위복승분

삼천대천세계

須菩提야 我今實言으로 告汝하노니 若有善男子나 善女人이 以七寶로 滿爾所恒河沙數의 三千大千世界하야 以用布施하면 得福이 多不아 須菩提가 言하되 甚多니다 世尊하

수보리야, 내가 이제 진실한 말로 너에게 이르노니, 선남자나 선여인이 항하의 모래 수처럼 많은 삼천대천세계에 가득한 칠보로 널리 나눔을 행한다면 얻는 바 복이 얼마나 많겠느냐? 수보리가 아뢰었다. 매우 많겠나이다. 세존이시여!

경을 설하는 공덕

佛이 告須菩提하사대 若善男子나 善
女人이 於此經中에 乃至受持四句
偈等하야 爲他人說하면 而此福德이
勝前福德하리라.

부처님이 수보리에게 말씀하셨다. 만일
선남자나 선여인이 본경 가운데서 사구게
만이라도 받아 지니고 남을 위해 말해 준
다면, 그 복덕이 앞에서 말한 복덕보다 더
없이 뛰어나리라.

바른 법을 존중하라

세상에는 각자 진리라고 주장하는 많은 가르침이 있다. 그 또한 분별하고 차별하는 마음에서 나온 것이다. 근원으로 돌아가면, 생각이 일어나기 이전 마음으로 돌아가면, 한 울타리님 차원으로 돌아가서 바라보면, 거기에 무슨 차별이 있는가? 보라. 천인 아수라가 모두 본경을 모시고 공양하지 않는가? 본경의 四相(사상)가운데 壽者相(수자상)은 영원히 사는 자에 대한 상이다. 영원히 사는 자란 바로 창조주신이다.

금강경에서는 모든 상은 마음으로 짓는 허망한 관념임을 밝히고 어떤 관념에 빠져 분별하고 차별하는 마음을 철저하게 비우는 지혜를 설한다.

그래야 비로소 어디에도 걸림이 없는 천상천하에 주인이 되는 것이다. 전지전능한 신이 유혹하더라도 그것은 당신 몫이지 나와는 아무 관계가 없음을 여실히 아는 것이다.

復次 須菩提야 隨說是經하대 乃至 四句偈等하면 當知此處는 一切世間의 天人, 阿修羅가 皆應供養을 如佛塔廟어든 何況有人이 盡能受持讀誦이랴.

다시 수보리야, 본경의 사구게 만이라도 설하면 마땅히 알라. 그곳은 일체세간의 하늘과 사람, 아수라가 공양하기를 부처님을 모신 탑이나 사원 같이 할 것인데, 하물며 어떤 사람이 본경을 받아 지니고 읽고 외우는 곳이겠느냐.

존중정교분

須菩提야 當知是人은 成就最上, 第一, 希有之法이니 若是經典이 所在之處는 卽爲有佛과 若尊重弟子니라.

수보리야, 마땅히 알라. 이 사람은 가장 높고 제일가는 희유한 진리를 성취한 것이니라. 만일 경전이 있는 곳이면 부처님이 계신 곳과 같고 존중받는 부처님의 제자가 있는 것과 같으니라.

가르침대로 살라

 어릴 때는 보는 대로 듣는 대로 배우고, 어른이 되면 본 대로 들은 대로 아는 만큼 생각하고 살아간다. 본 것을 들은 것을 포기할 수 있을까? 모든 법의 공한 본성을 체득하면 마음이 자유로워지고 평안해진다.

 욕심을 풀어놓고 집착을 줄이면 삶이 훨씬 수월해진다. 과거에 쌓인 마음에 시달려 오던 자신을 이제는 마음을 조절하는 자기로 바꿔 가는 지혜를 받아 들여야 한다.

 경전의 다섯 단락 중의 네 번째는 證果分(증과분)이고, 다섯 번째는 結經分(결경분)이다. 증과분은 견도해서 수도를 하게 되면 그 결과를 얻게 되는 것이고, 결경분은 경을 맺는 대목이다. 이제 드디어 금강경의 위대한 명칭이 설해진다.

爾時에 須菩提가 白佛言하사대 世尊하
當何名此經이며 我等이 云何奉持하
리까 佛이 告須菩提하사대 是經은 名爲
金剛般若波羅蜜이니 以是名字로 汝
當奉持하라.

때에 수보리가 부처님께 아뢰었다. 세존
이시여, 본경을 무어라 이름하며 저희가
어떻게 받아 지녀야 하나이까? 부처님이
수보리에게 말씀하셨다. 본경 이름은 금강
반야바라밀이니 이렇게 받아 지닐지니라.

설법상도 내지 말라

所以者何오 須菩提야 佛說般若波羅蜜이 卽非般若波羅蜜일새 是名般若波羅蜜이니라. 須菩提야 於意云何오 如來가 有所說法不아 須菩提가 白佛言하되 世尊하 如來가 無所說이니다.

왜냐하면 여래가 말한 반야바라밀은 반야바라밀이 아니라 반야바라밀이라 이름할 뿐이니라. 수보리야, 어떻게 생각하느냐? 여래가 말한 바 법이 있느냐? 수보리가 부처님께 아뢰었다. 세존이시여, 여래께서 말씀하신 바가 없나이다.

세존이 물으시다

須菩提야 於意云何오 三千大千世
界에 所有微塵이 是爲多不아

수보리야, 어떻게 생각하느냐? 삼천대천세
계에 있는 먼지의 수를 많다고 하겠느냐?

미진과 세계

須菩提가 言하되 甚多니다 世尊하 須
菩提야 諸微塵을 如來가 說非微塵일
새 是名微塵이며 如來가 說世界도 非
世界일새 是名世界니라.

수보리가 아뢰었다. 매우 많겠나이다. 세
존이시여! 수보리야, 말한 바 미진을 여래
는 미진이라 이름할 뿐이며, 여래가 말하
는 세계도 역시 세계라 이름할 뿐이니라.

須菩提야 於意云何오 可以三十二
相으로 見如來不아 不也니다 世尊하 不
可以三十二相으로 得見如來니 何以
故오 如來가 說三十二相이 卽是非相
일새 是名三十二相이니다.

수보리야, 어떻게 생각하느냐? 서른두 가
지의 특별한 모습으로 여래를 볼 수 있느
냐? 아닙니다. 세존이시여, 서른두 가지
모습으로 여래를 볼 수 없나이다. 왜냐하
면 여래께서 말씀하신 서른두 가지 특별
한 몸매는 진정한 모습이 아니고 단지 삼
십이상이라 이름할 뿐입니다.

여법수지분

須菩提야 若有善男子나 善女人이 以
恒河沙等身命으로 布施어든 若復有
人이 於此經中에 乃至受持四句偈
等하야 爲他人說하면 其福이 甚多니라.

수보리야, 선남자나 선여인이 항하의 모
래 수 만큼 많은 목숨을 바쳐 널리 나눔을
행하는 사람이 있고, 또 어떤 사람이 경
가운데 사구게 만이라도 받아 지니고 남
을 위해 설명해 준다면 그 복이 앞의 복보
다 훨씬 많으리라.

모든 차별상을 떠나라

호흡은 들숨 날숨 그리고 잠시 멈추는 것 세 가지 뿐이다. 마음은 일어나거나 일어나지 않는 것, 다시 말하면 반응하는 것, 반응하지 않는 것, 오직 두 가지 작용뿐이다. 반응하지 않으면 적멸인데 반응을 하는 순간 적멸은 사라지고 만다.

마음이 일어나는 것을 생각이라 한다. 도를 닦는 사람은 마음과 생각의 다름을 분명히 알아야한다. 생각은 내가 마음으로 하는 행위이다. 생각이 일어나면 벌써 차별이 생긴다.

생각이 일어나면 그냥 바라보라. 허공이 구름을 붙잡지 않듯이 바다가 파도를 내버려 두듯이 거울이 그림자에 물들지 않듯이 나무가 바람을 지나가게 하듯이 그렇게 생각이 지나가게 놓아두라.

들어 본 적이 없는 가르침

爾時에 須菩提가 聞說是經하고 深解
義趣하야 涕淚悲泣하면서 而白佛言하
되 希有世尊하 佛說如是甚深經典은
我從昔來所得慧眼으로 未曾得聞如
是之經호이다.

때에 수보리가 본경 설함을 듣고 그 뜻을
깊이 깨달아 알고 감격하여 눈물을 흘리며
부처님께 아뢰었다. 참으로 희유합니다. 세
존이시여, 부처님께서 이와 같이 매우 깊은
경전을 말씀하시니, 제가 옛적으로 오면서
닦아 얻은 바 지혜의 눈으로는 일찍이 이와
같은 경을 듣지도 보지도 못했나이다.

世尊하 若復有人이 得聞是經하고 信心淸淨하면 則生實相하리니 當知是人은 成就第一, 希有, 功德이니다. 世尊하 是實相者는 卽是非相일새 是故로 如來가 說名實相이니다.

세존이시여, 어떤 사람이 본경을 듣고 신심이 청정하면 곧 실다운 진리의 경계가 생길 것이니, 이 사람은 제일 희유한 공덕을 성취한 것임을 알겠나이다. 세존이시여, 실상이란 분별심에서 나온 허망한 상이 아니므로 여래께서 실상이라 이름하셨나이다.

世尊하 我今得聞如是經典하고 信解
受持는 不足爲難이어니와 若當來世의
後五百歲에 其有衆生이 得聞是經하
고 信解受持하면 是人은 即爲第一希
有니다.

세존이시여, 제가 이와 같은 경전을 듣고
믿어 알고 받아 지니는 것은 어렵지 않사
오나, 만일 다음 세상 후오백년 뒤에 어떤
중생이 본경을 듣고 믿어 이해하여 받아
지닌다면, 이 사람이야말로 참으로 제일
희유한 사람이겠나이다.

모든 상을 떠난다면

何以故오 此人은 無我相하며 無人相하며 無衆生相하며 無壽者相이니 所以者何오 我相이 卽是非相이며 人相,衆生相,壽者相이 卽是非相이라 何以故오 離一切諸相을 卽名諸佛이니다.

왜냐하면 이 사람은 아상도 없고 인상, 중생상, 수자상이 전혀 없는 까닭입니다. 왜냐하면 아상은 실상이 아니며 인상, 중생상, 수자상도 실다운 상이 아니기 때문이니 왜냐하면 분별하고 차별하는 무지한 일체 상을 떠난 이를 부처님이라 하기 때문입니다.

참으로 희유한 사람

佛이 告須菩提하사대 如是如是니라 若
復有人이 得聞是經하고 不驚,不怖,
不畏하면 當知是人은 甚爲希有니라

부처님이 수보리에게 말씀하셨다. 그러
하니라. 다시 어떤 사람이 본경을 듣고 놀
라지 않고 겁내지 않으며, 두려워하지 않
으면 마땅히 알라. 이 사람은 참으로 희유
한 사람이니라.

何以故오 須菩提야 如來가 說第一波
羅蜜이 卽非第一波羅蜜일새 是名第
一波羅蜜이니라.

왜냐하면 수보리야, 여래가 말한 제일바
라밀은 제일바라밀이 아니라 그 이름이
제일바라밀이기 때문이니라.

수행상이 없다

 모든 사물의 이름은 누가 지었는가? 태초에 말씀이 있었는가? 국민학교를 초등학교라 하니 컴퓨터에서도 국민학교는 없다. 그렇다. 한글이 창제되기 이전 한자가 사용되기 이전 우리 조상들이 쓰던 말이 있었다.

 이름이란 언어란 약속이다. 사람만이 사용할 수 있는 지고의 능력이다. 한울이, 한울이 아니라 그 이름이 한울이다. 부처가, 부처가 아니라 그 이름이 부처다. 바다가, 바다가 아니라 그 이름이 바다일 뿐이다.

 금강경이, 금강경이 아니라 그 이름이 금강경이다. 사람이 이름 지어 놓고 그 이름에 노예가 되어 얼마나 많은 죄업을 짓고 혼란을 야기하고 있는가? 벗어나라. 집착을, 모든 허물은 분별하는 마음이다.

須菩提야 忍辱波羅蜜을 如來가 說非忍辱波羅蜜일새 是名忍辱波羅蜜이니 何以故오 須菩提야 如我昔爲歌利王에 割截身體할새 我於爾時에 無我相하며 無人相하며 無衆生相하며 無壽者相이니라.

수보리야, 인욕바라밀도 인욕바라밀이 아니라 이름을 인욕바라밀이라 한다고 여래가 말하노니 왜냐하면 수보리야, 내가 옛날 가리왕에게 몸을 베이고 찢길 적에 아상이나 인상이 없었으며 중생상이나 수자상 등 어떤 분별심도 없었느니라.

何以故오 **我於往昔**의 **節節支解時**에
若有我相, 人相, 衆生相, 壽者相이면
應生瞋恨일러니라.

내가 옛적에 마디마디 사지를 찢기고 끊길 때 만약 나에게 아상, 인상, 중생상, 수자상이 있었다면 성내고 원망하는 마음을 내었을 것이니라.

이상적멸분

과거도 청정하다

須菩提야 又念過去의 於五百世에 作
忍辱仙人하야 於爾所世에 無我相하
며 無人相하며 無衆生相하며 無壽者
相이니라

수보리야, 또 여래가 과거에 오백생 동안
인욕선인이 되었을 때를 생각하노니, 저
세상에서도 아상, 인상, 중생상, 수자상
나아가 어떤 분별심도 없었느니라.

머무는 바 없이 행하라

是故로 須菩提야 菩薩은 應離一切相
하고 發阿耨多羅三藐三菩提心이니
不應住色生心하며 不應住聲香味觸
法生心이요 應生無所住心이니라

그러므로 수보리야, 보살은 응당 일체 분
별상을 떠나 크고 넓고 밝은 마음을 내어
야 할지니 형상에 머물지 말며, 소리나 냄
새, 맛이나 촉감, 심리적 법에도 머물지
말고 마음을 낼지니라.

이상적멸분

머무는 바 없이 머물라

若心有住면 則爲非住니라 是故로 佛說菩薩은 心不應住色布施하라 하느니라.

만약 어딘가 머문다면 그것은 여래가 말한 삶이 아니니라. 그러므로 여래가 말하기를 "어떤 조건에도 매이지 말고 나눔을 실천하라" 하였느니라.

중생은 중생이 아니다

須菩提야 菩薩이 爲利益一切衆生하
야 應如是布施니 如來가 說一切諸相
이 卽是非相이며 又說一切衆生이 卽
非衆生이니라.

수보리야, 보살은 일체 중생을 이롭게 하
기 위해 응당 이와 같이 나눔을 행해야 하
나니, 여래가 말한 일체상이 상이 아니듯
이 일체 중생도 중생이 아니니라.

허허실실 하라

없다 없다 하니 정말 없는 줄 알고, 아니다 아니다 하니 정말 아닌 줄 아는 것이 중생의 어리석음이다. 지금도 헤매고 있는가? 불교는 상식을 말하는 종교다.

아무리 유식해도 불교를 모르면 무식한 사람이고, 무식한 사람도 불교를 알면 유식해진다. 무실무허, 금강경에 나오는 문자는 문자가 아니다. 그냥 그대로가 지혜이다.

그러니 믿어 받아 지니고 독송하며 쓰기만 해도 공덕이 무량무변하며 세상에서 가장 제일가는 희유한 삶을 이루게 되는 것이다. 단 자신의 모든 선입견과 어리석은 고집을 버려야 한다.

실도 없고 허도 없다

須菩提야 如來는 是眞語者며 實語者며 如語者며 不誑語者며 不異語者니라 須菩提야 如來所得法은 此法이 無實無虛하니라.

수보리야, 여래는 참된 말을 하는 이며, 진실한 말을 하는 이며, 한결같은 말을 하는 이며, 속이는 말을 하지 않는 이며, 다른 말을 하지 않느니라. 수보리야, 여래가 얻은 바 진리는 그 법이 실다움도 없고 헛된 것도 없느니라.

집착과 무집착

須菩提야 若菩薩이 心住於法하야 而
行布施하면 如人이 入暗에 則無所見
이요 若菩薩이 心不住法하야 而行布
施하면 如人이 有目하고 日光明照하야
見種種色이니라.

수보리야, 보살이 어떤 조건에 마음을 두
고 나눔을 행한다면, 마치 사람이 어둠 속
에서 아무것도 볼 수 없는 것과 같고, 보
살이 마음을 어떤 조건에도 두지 않고 나
눔을 행하면, 햇빛이 밝게 비칠 적에 밝은
눈으로 갖가지 물체를 분명히 보는 것과
같으니라.

이상적멸분

한량없는 공덕

須菩提야 當來之世에 若有善男子나 善女人이 能於此經에 受持讀誦하면 卽爲如來가 以佛智慧로 悉知是人하며 悉見是人하리니 皆得成就無量, 無邊功德하리라.

수보리야, 다음 세상에서 만약 어떤 선남자나 선여인이 능히 본경을 받아 지니고 읽고 외우면 곧 여래가 깨달음의 지혜로 이 사람을 다 알며 이 사람을 다 보나니 모두가 헤아릴 수 없고 끝이 없는 공덕을 성취하게 되느니라.

경을 받드는 공덕

항하의 모래 수만큼의 몸으로 나눔을 행한다는 말이 가능할까? 경전의 공덕을 상대적으로 드러내기 위해서 과장한 비유를 들었다고 생각할 수도 있을 것이다.

세상에는 무수한 생명이 살고 있다. 그 생명 하나하나가 각자 자기만의 세계를 이루고 있다. 그래서 불교에서는 중생 하나하나를 한 세계라 한다. 그 많은 생명은 오늘도 몸으로 보시를 실천하고 있는 것이다. 그것도 금생만이 아니라 세세생생 거듭거듭 반복하면서 항하사겁 전에도 항하사겁 후에도 영원히 그리하는 것이다.

한 우리 생명을 인정하고 오직 한 우리 생명을 받들고 헌신하며 세상은 나로 인해 이루어진다는 엄연한 진리를 행한다면 그 공덕을 능히 헤아릴 수 있겠는가?

목숨으로 보시하더라도

須菩提야 若有善男子나 善女人이 初
日分에 以恒河沙等身으로 布施하며
中日分에 復以恒河沙等身으로 布施
하며 後日分에 亦以恒河沙等身으로
布施하야 如是無量,百千,萬億劫을
以身布施하여도

수보리야, 선남자나 선여인이 아침 녘에
항하의 모래 수와 같은 몸으로 보시하고,
한낮에 항하의 모래 수와 같이 많은 몸으
로 보시하며, 다시 저물녘에 항하의 모래
수와 같은 몸으로 보시하여 한량없는 백
천만억겁을 몸으로 보시하더라도

지경공덕분

사의할 수 없는 공덕

若復有人이 聞此經典하고 信心不逆하면 其福이 勝彼하리니 何況書寫, 受持, 讀誦하야 爲人解說이라.

어떤 사람이 이 경전을 듣고 믿음을 내어 거역하지 않으면 복이 앞의 복보다 수승하리니, 하물며 경을 베끼고 받아 지니며 읽고 외우며 남을 위해 해설해 주는 것이겠느냐?

최상승을 위한 설법

須菩提야 以要言之컨댄 是經은 有不可思議하고 不可稱量한 無邊功德하나니 如來가 爲發大乘者說이며 爲發最上乘者說이니라.

수보리야, 요점만 들어 말하자면 본경은 생각할 수도 없고 헤아릴 수도 없이 한량 없는 공덕이 있느니라. 여래가 대승과 최상승의 마음을 낸 이를 위하여 본경을 설하느니라.

지경공덕분

여래의 짐을 감당하다

若有人이 能受持讀誦하야 廣爲人說하면 如來가 悉知是人하며 悉見是人하나니 皆得成就不可量, 不可稱, 無有邊, 不可思議功德하리니 如是人等은 卽爲荷擔如來의 阿耨多羅三藐三菩提니라.

어떤 사람이 능히 경을 받아 지니고 읽고 외우며 남을 위해 널리 설하면 여래는 이 사람을 알고 보나니, 이 사람은 헤아릴 수 없고 칭량할 수 없으며 끝도 없고, 생각할 수도 없는 공덕을 성취하게 되어 여래의 지혜의 생명을 밝히게 되느니라.

소인은 독송할 수 없다

何以故오 須菩提야 若樂小法者는
着我見, 人見, 衆生見, 壽者見일새 則
於此經에 不能聽受讀誦하야 爲人解
說하리라.

왜냐하면 수보리야, 소승의 법을 좋아하
는 이라면 아견, 인견, 중생견, 수자견에
집착되어 본경을 능히 알아듣고 읽고 외
워서 남을 위해 능히 해설하지 못할 것이
기 때문이니라.

천인 아수라가 공양하다

須菩提야 在在處處에 若有此經하면 一切世間의 天, 人, 阿修羅의 所應供養이니 當知此處는 則爲是塔이라 皆應恭敬하야 作禮圍繞하야 以諸華香으로 而散其處하리라.

수보리야, 어떤 곳이든 본경이 있는 곳이면 일체 세간의 하늘, 사람과 아수라 등이 공양하리니 마땅히 알라. 이곳은 탑이 있는 곳과 같이 모두가 공경하고 절하며 에워싸고 돌면서 갖가지 꽃과 향을 뿌리며 예를 올리느니라.

업장을 맑히다

업장이란 자신이 행했던 행위가 장애가 되는 것을 말한다. 업장은 어떻게 이루어지는가? 행동은 몸으로 하는 것이지 몸이 하는 것은 아니다. 말은 입으로 하는 것이지 입이 하는 것이 아니다.

생각은 마음으로 하는 것이지 마음이 하는 것도 아니다. 그러면 누가 하는 것인가. 내가 내 몸으로 내 입으로 내 마음으로 행동하고 말하고 생각하는 것이다.

세상에 나 말고 누가 대신하겠는가? 하나님도 아니고 부처님도 아니고 상제님도 아니다. 자신의 본능 속에 자리 잡고 있는 탐진치 세 가지 독소를 제거하지 않으면 하는 행동이 하는 말이 하는 생각이 나를 장애할 것이다. 이것이 업장이다.

復次 須菩提야 善男子나 善女人이 受
持,讀誦此經하대 若爲人輕賤하면 是人
은 先世罪業으로 應墮惡道어늘 以今世
人이 輕賤故로 先世罪業이 則爲消滅
하고 當得阿耨多羅三藐三菩提하리라.

수보리야, 선남자나 선여인이 본경을 받
아 지니고 읽고 외우는 것으로 남에게 업
신여김을 당한다면 이 사람은 선세의 죄
업으로 악도에 떨어질 것이지만, 금세에
업신여김을 받음으로써 선세의 죄업이
소멸되어 마침내 크고 밝고 넓은 깨달음
을 얻게 되느니라.

須菩提야 我念 過去,無量,阿僧祇劫하니 於燃燈佛前에 得値八百,四千,萬億,那由他諸佛하야 悉皆供養,承事호대 無空過者호라.

수보리야, 내가 한량없는 아승기겁의 과거를 생각하니, 연등불 이전에도 8백 4천 만억 나유타 부처님을 만나 공양하며 받들어 모시어 그냥 지나친 일이 없었노라.

능정업장분

119

若復有人이 於後末世에 能受持,讀
誦此經하면 所得功德이 於我所供養
諸佛功德으로 百分에 不及一이며 千
萬億分과 乃至算數譬喩로 所不能
及이니라.

어떤 사람이 말세에 본경을 수지하고 독
송하면 그가 얻는 바 공덕은 내가 모든 부
처님께 공양한 공덕으로는 백분의 일, 천
만억분의 일뿐이 아니라 어떤 수학이나
비유로도 비교할 수가 없느니라.

갖추어 말하면 믿지 못해

須菩提야 若善男子나 善女人이 於後
末世에 有受持, 讀誦此經하는 所得
功德을 我若具說者면 或有人이 聞하
고 心卽狂亂하야 狐疑不信하리라.

수보리야, 선남자나 선여인이 말세에 본
경을 수지하고 독송하는 이가 얻는 공덕
을 내가 빠짐없이 말한다면 어떤 사람은
듣고 마음이 산란하여 의심하며 결코 믿
지 못하리라.

능정업장분

121

須菩提야 當知是經義도 不可思議하며 果報도 亦不可思議니라.

수보리야, 마땅히 알라. 본경의 뜻은 말할 수도 없고 생각할 수 없으며, 공덕의 과보도 헤아릴 수 없느니라.

끝내 아상은 없다

빈병은 병이 없다는 말이 아니라 내용물이 없다는 것이다. 무아도 내가 없다는 것이 아니라 한 우리 생명으로 진정한 참 나를 장애하는 아상 인상 중생상 수자상은 끝까지 없다는 선언이다.

인연분, 견도분, 수도분, 증과분, 결경분까지 마쳤으니 경이 끝나야 되는데, 다시 시작하는 것은 무엇일까? 아직 미진한 대목을 더하려는 것이니 이것을 助道分(조도분)이라 한다. 즉 견도 수도에 부족한 부분을 도와 완전한 깨달음을 이루게 하려는 것이다.

究竟(구경) 끝까지 無我(무아), 아상 등 四相(사상)이 철저하게 없다는 것이다. 神(신)이라는 글자는 어디로 보아도 단수의 개념이 아니다. 천신, 지신, 산신, 해신 등등 유일하다고 착각하는 신이야 말로 지독한 아상이다.

정말 내가 없다면

爾時에 須菩提가 白佛言하되 世尊하 善男子나 善女人이 發阿耨多羅三藐三菩提心하니는 云何應住며 云何降伏其心하리잇고

때에 수보리가 부처님께 아뢰었다. 세존이시여, 선남자나 선여인이 크고 밝고 넓은 마음을 일으킨 이는 어떻게 그 마음을 두며 어떻게 그 마음을 항복받아야 하나이까?

중생을 위하는 마음

佛이 告須菩提하사대 若善男子나 善女人이 發阿耨多羅三藐三菩提心者는 當生如是心이니 我應滅度一切衆生하리라 滅度一切衆生已라도 而無有一衆生도 實滅度者니라.

부처님이 수보리에게 말씀하셨다. 보리심을 일으킨 이는 마땅히 이와 같이 마음을 낼지니 '내가 일체 중생을 제도하리라' 하라. 그러나 일체 중생을 제도했을지라도 실은 한 중생도 제도된 자는 없느니라.

왜 그리해야 하는가?

何以故오 須菩提야 若菩薩이 有我相,人相,衆生相,壽者相이면 則非菩薩이니 所以者何오 須菩提야 實無有法하야 發阿耨多羅三藐三菩提心者니라.

왜냐하면 수보리야, 보살이 아상, 인상, 중생상, 수자상이 있으면 진정한 보살이 아니기 때문이니, 그 까닭은 수보리야, 본래 공한 자리에는 보리심이라고 할 정해진 법이 없기 때문이니라.

나도 그리하였노라

須菩提야 於意云何오 如來가 於燃燈佛所에 有法得 阿耨多羅三藐三菩提不아 不也니다 世尊하 如我解佛所說義컨댄 佛이 於燃燈佛所에 無有法得 阿耨多羅三藐三菩提니다.

수보리야, 어떻게 생각하느냐? 여래가 연등불 처소에서 얻을 바 법이 있어서 보리를 얻었겠느냐? 아닙니다. 세존이시여! 제가 부처님이 말씀한 바 뜻을 알기로는 부처님께서 연등불 처소에 계실 적에 어떤 법이 있어서 위대한 깨달음을 얻으신 것이 아닙니다.

구경무아분

세존이 인가하시다

佛言하사대 如是如是니라 須菩提야 實無有法하야 如來가 得阿耨多羅三藐三菩提니라.

부처님이 말씀하셨다. 그러하니라. 수보리야, 여래가 크고 넓고 밝은 깨달음을 얻었다고 할 만한 법도 본래 없느니라.

그때를 생각하다

須菩提야 若有法하야 如來가 得阿耨
多羅三藐三菩提者인댄 燃燈佛이 卽
不與我授記하사대 汝於來世에 當得
作佛하리니 號를 釋迦牟尼라 하리라.

수보리야, 법이 있어서 여래가 큰 깨달음
을 얻었다면, 연등불께서 나에게 "네가 내
세에 부처를 이루면 석가모니라 이름하리
라."라고 수기를 주지 않았을 것이니라.

수기를 받다

以實無有法하야 得阿耨多羅三藐三菩提일새 是故로 燃燈佛이 與我授記하사 作是言하사대 汝於來世에 當得作佛하야 號를 釋迦牟尼라 하시니

진실로 밝은 깨달음을 얻었다고 할 만한 법이 없으므로, 연등불께서 나에게 수기를 주며 말씀하기를, "네가 다음 세상에 부처를 이루리니, 이름을 석가모니라 하리라" 하였느니라.

없다는 상도 없다

何以故오 如來者는 卽諸法如義니라
若有人이 言如來가 得阿耨多羅三
藐三菩提라 하면 須菩提야 實無有法
하야 佛이 得阿耨多羅三藐三菩提니라.

왜냐하면 여래란 모든 법이 여여하여 같
다는 뜻이기 때문이니, 어떤 사람이 말하
기를, "여래가 밝은 깨달음을 얻었다" 하
더라도 수보리야, 여래가 밝은 깨달음을
얻었다고 할 만한 법은 진실로 없느니라.

무아를 통달하라

일체법이라 하지만 그것은 일체법이 아니라 다만 일체법이라 이름할 뿐이니라. 이러한 논조가 본경에는 여러 차례 나온다.

첫째, 46쪽에는 여래의 신상이다. 둘째, 61쪽의 복덕과 63쪽의 불법이 나오고, 셋째, 75쪽의 장엄불토와 77쪽의 큰 몸이고, 넷째, 87쪽의 반야바라밀과 89쪽의 세계와 90쪽의 32상이 나온다.

다섯째, 94쪽의 실상과 98쪽의 제일바라밀과 100쪽의 인욕바라밀 105쪽의 일체제상과 일체중생이 나온다. 여섯째, 135쪽의 일체법과 136쪽의 인신장대와 138쪽의 장엄불토가 나오고, 일곱째, 145쪽의 모든 마음이 있고, 여덟째, 151쪽의 구족색신과 152쪽 제상구족이 나오며, 아홉째, 156쪽에 중생이 나오고, 열째, 161쪽에 선법이 나온다.

자취를 지우다

열한째, 165쪽에 범부가 나오며 열두째, 181쪽에 미진중이 나오고, 182쪽에 일합상이 나오며, 열셋째, 186쪽에 아견,인견,중생견,수자견이 나오고, 마지막으로, 188쪽에 법상이 나온다.

이런 형식을 拂跡(불적)이라 하는데 어떤 주제의 자취를 털어버려 개념을 남기지 않으려는 것이다. 따라서 "부처님을 형상으로 볼 수 없다"한 대목도 도합 네 차례가 나온다.

첫째, 여리실견분에서 46쪽에 있고, 둘째, 여법수지분에서 90쪽에 있으며, 셋째, 이색이상분에서 151쪽에 있고, 넷째, 법신비상분에서 167쪽에 있다. 왜 유사한 법문이 반복해서 설해지는가? 글이란 말과 달라서 미래의 다양한 근기를 위해서 간절한 노파심에서 나온 자비심의 발로라고 하겠다.

그대로가 불법이다

須菩提야 如來가 所得한 阿耨多羅三
藐三菩提는 於是中에 無實無虛니라
是故로 如來가 說一切法이 皆是佛法
이라 하나니

수보리야, 여래가 얻은 바 크고 넓고 밝은
깨달음 가운데는 진실도 없고 거짓도 없
느니라. 그러므로 여래가 말하기를, "일체법
그대로가 불법이라" 하느니라.

일체법상을 털다

須菩提야 所言一切法者는 卽非一
切法일새 是故로 名一切法이니라.

수보리야, 일체법이라 하지만 그것은 일
체법이 아니라 다만 일체법이라 이름할
뿐이니라.

크다는 기준은 없다

須菩提야 譬如人身長大하니라 須菩提가 言하사대 世尊하 如來가 說人身長大가 卽爲非大身일새 是名大身이니다.

수보리야, 비유하자면 사람 몸이 매우 크다고 하는 경우와 같으니라. 수보리가 아뢰었다. 세존이시여, 여래가 말씀하기를 사람 몸이 매우 크다 하지만 진실로 큰 몸이 아니라 상대적인 차원에서 단지 큰 몸이라 이름할 뿐입니다.

보살이라 할 법도 없다

須菩提야 菩薩도 亦如是하야 若作是
言하대 我當滅度無量衆生이라 하면 則
不名菩薩이니 何以故오 須菩提야 實
無有法하야 名爲菩薩이니라 是故로 佛
說一切法이 無我, 無人, 無衆生, 無
壽者라 하노라

수보리야, 보살도 이와 같이 내가 한량없이
많은 중생을 제도하였노라 하면 이는 보살
이 아니니, 왜냐하면 수보리야, 보살이라
고 할 법도 없기 때문이니, 그러므로 여래
가 말하기를 일체법이 아도 없고 인도 없으
며 중생도 없고 수자도 없다 하느니라.

구경무아분

장엄상을 털다

須菩提야 若菩薩이 作是言하대 我當
莊嚴佛土라 하면 是不名菩薩이니 何
以故오 如來가 說莊嚴佛土者는 卽非
莊嚴일새 是名莊嚴이니라.

수보리야, 보살이 내가 불국토를 장엄하
였노라 하면, 진정한 보살이라 할 수 없느
니라. 왜냐하면 여래가 말하는 불국토 장
엄은 장엄이 아니고 다만 장엄이라 이름
할 뿐이기 때문이니라.

무아 무법을 통달하다

須菩提야 若菩薩이 通達無我法者인
댄 如來가 說名眞是菩薩이라 하리라

수보리야, 보살이 진실로 내가 없는 참된
진리를 통달하면, 여래는 이 사람이야말
로 진정한 보살이라 이름하리라.

한 몸으로 보라

배고프면 밥을 먹고 목마르면 물을 마시고 피곤하면 잠을 자듯이 행복하려면 도를 닦아야 한다. 왜 도를 닦아야 하는가? 그것은 지혜를 터득하기 위해서다.

肉眼(육안)은 범부들이 보는 눈이다. 앞이 막히거나 멀리 떨어진 것은 볼 수가 없다. 天眼(천안)은 이승이 얻는 눈이다. 하늘에서 내려다보듯이 입체적으로 보는 눈이다. 慧眼(혜안)은 초발심보살이 얻는 눈이다. 모든 존재를 하나하나 개별적으로 보는 통찰의 지혜이다.

法眼(법안)은 구경지보살이 얻는 눈이다. 모든 존재는 개별적으로 존재할 뿐만 아니라 서로가 유기적인 관계 속에서 마치 그물처럼 이루어진 통일된 법칙을 보는 지혜이다. 佛眼(불안)은 대각 세존만이 얻는 눈이다. 모든 존재를 자비의 눈으로 보고 구제하는 참다운 지혜의 눈이다.

140

육신의 눈과 하늘의 눈

須菩提야 於意云何오 如來가 有肉眼不아 如是니다 世尊하 如來가 有肉眼이니다. 須菩提야 於意云何오 如來가 有天眼不아 如是니다 世尊하 如來가 有天眼이니다.

수보리야, 어떻게 생각하느냐? 여래가 육안이 있느냐? 있사옵니다. 세존이시여, 여래께 육안이 있습니다. 수보리야, 어떻게 생각하느냐? 여래가 천안이 있느냐? 있사옵니다. 세존이시여, 여래께 천안이 있습니다.

지혜의 눈과 진리의 눈

須菩提야 於意云何오 如來가 有慧眼
不아 如是니다 世尊하 如來가 有慧眼이
니다. 須菩提야 於意云何오 如來가 有
法眼不아 如是니다 世尊하 如來가 有
法眼이니다.

수보리야, 어떻게 생각하느냐? 여래가 혜
안이 있느냐? 있사옵니다. 세존이시여, 여
래께 지혜의 눈이 있습니다. 수보리야, 어
떻게 생각하느냐? 여래가 법안이 있느냐?
있사옵니다. 세존이시여, 여래께 진리의
눈이 있습니다.

깨달음의 눈으로 보라

須菩提야 於意云何오 如來가 有佛眼
不아 如是니다 世尊하 如來가 有佛眼이
니다. 須菩提야 於意云何오 如恒河中
에 所有沙를 佛說是沙不아 如是니다
世尊하 如來가 說是沙니다.

수보리야, 어떻게 생각하느냐? 여래가 깨
달음의 눈이 있느냐? 있사옵니다. 세존이
시여, 여래께 깨달음의 눈이 있습니다. 수
보리야, 어떻게 생각하느냐? 항하 가운데
있는 모래를 말한 적이 있느냐? 있습니다.
세존이시여, 여래께서 항하의 모래를 말
씀하셨나이다.

항하사수의 부처님 세계

須菩提야 於意云何오 如一恒河中에 所有沙하야 有如是沙等恒河하고 是 諸恒河의 所有沙數의 佛世界가 如是 寧爲多不아 甚多니다 世尊하

수보리야, 어떻게 생각하느냐? 한 항하 가운데 있는 모래와 같은 수의 항하가 있고, 그 항하수의 모래만큼의 부처님 세계가 있다면 참으로 많지 않겠느냐? 매우 많겠나이다. 세존이시여!

일체동관분
144

마음도 이름일 뿐

佛이 告須菩提하사대 爾所國土中에
所有衆生의 若干種心을 如來悉知하
나니 何以故오 如來가 說諸心이 皆爲
非心일새 是名爲心이니라.

부처님이 수보리에게 말씀하셨다. 저 어
마어마하게 많은 세계 가운데 있는 모든
중생의 갖가지 마음을 여래는 다 아느니
라. 왜냐하면 여래가 말하는 모든 마음은
마음이 아니라 단지 마음이라 이름하기
때문이니라.

所以者何오 須菩提야 『過去心不可
得이며 現在心不可得이며 未來心不
可得』이니라.

그 까닭은 수보리야, 과거의 마음도 현재
의 마음도 미래의 마음도 얻을 수 없기 때
문이니라.

"若過去인댄 過去心已滅이요 若未來
인댄 未來心未至요 若現在인댄 現在
心은 無住"라 하니라

과거는 이미 사라진 것이요 미래는 아직
오지 않은 것이요 현재는 잠시도 머물지
않느니라.

*위 경문은 유마경 보살품의 경문인데,
강의 자료상 삽입하였음을 밝혀 둔다.

다 행복하라

오직 이런 자비심을 낼지니 일체의 생명 모든 사람에게 행복과 평화와 은혜 있으라고, 비록 두려움에 떠는 범부이거나 깨달아서 두려움이 없는 성자거나 세상을 창조한 신이거나 키 큰 사람이거나 작은 사람이거나 말하기에도 부족한 사람이거나, 눈에 보이는 사람이거나 가까이 있는 사람이거나 앞으로 태어날 사람이거나 다른 교를 믿는 사람이거나 미신을 믿는 사람이거나 일체의 생명 모든 사람에게 행복 있으라고.

서로 남을 속이지 말며, 어디의 누구에게라도 경멸하는 생각을 지니지 말라. 분하다든지 밉다 하여 다른 교를 신봉한다 하여 남이 고통에 빠질 것을 원하지 말라. 마치 대지의 어머니처럼 일체의 생명 또는 사람에게 끝없는 자비심을 베풀라. 설 때나 길을 갈 때나 누울 때나 깊은 잠에 빠져 있지 않는 한, 정성을 다해 이 생각을 지니라. 이것이 행복한 자의 삶이니라.

복덕상을 털다

須菩提야 於意云何오 若有人이 滿三千大千世界七寶로 以用布施하면 是人이 以是因緣으로 得福이 多不아 如是니다 世尊하 此人이 以是因緣으로 得福이 甚多니다.

수보리야, 어떻게 생각하느냐? 어떤 사람이 삼천대천세계에 가득한 칠보로 나눔을 실천하면, 이 사람이 그 인연으로 얻는 복이 많겠느냐? 그러합니다. 세존이시여, 이 사람이 얻는 복이 매우 많겠나이다.

법계통화분

받는다면 이미 적다

須菩提야 若福德이 有實인덴 如來가
不說得福德多어니와 以福德이 無故
로 如來가 說得福德多니라.

수보리야, 만일 복덕이 진실로 있다면 여
래가 얻는 복덕이 많다고 말하지 않을 것
이니, 왜냐하면 복덕이라고 할 것도 본래
없는 것이기에 여래가 얻는 복덕이 많다
고 말하느니라.

법계통화분

150

몸이 없는 몸

須菩提야 於意云何오 佛을 可以具足色身으로 見不아 不也니다 世尊하 如來를 不應以具足色身으로 見이니 何以故오 如來가 說具足色身이 卽非具足色身일새 是名具足色身이니다.

수보리야, 어떻게 생각하느냐? 부처를 구족한 몸매로 볼 수 있느냐? 볼 수 없나이다. 세존이시여, 여래를 구족한 몸매로 볼 수 없나니, 왜냐하면 여래께서 말씀하시는 구족색신은 곧 구족색신이 아니라 이름하여 구족색신일 뿐입니다.

이색이상분

모습이 없는 모습

須菩提야 於意云何오 如來를 可以具
足諸相으로 見不아 不也니다 世尊하 如
來를 不應以具足諸相으로 見이니 何
以故오 如來가 說諸相具足이 即非具
足일새 是名諸相具足이니다.

수보리야, 어떻게 생각하느냐? 여래를 구
족한 특별한 모습으로 볼 수 있느냐? 볼 수
없나이다. 세존이시여, 여래를 구족한 특
별한 모습으로 볼 수 없나니, 왜냐하면 여
래께서 말씀하신 구족제상은 구족제상이
아니라 이름하여 구족제상일 뿐입니다.

설함이 없는 설법

설법이, 설법이 아니라 이름하자니 설법이요, 하늘이, 하늘이 아니라 이름하자니 하늘이며, 사랑이, 사랑이 아니라 이름하자니 사랑인 것이다. 앞의 사랑이라 할 때 사랑은 說相(설상)이고 사랑이 사랑이 아니라 할 때 사랑은 破相(파상)이며 마지막의 이름하자니 사랑이다 할 때 사랑은 顯性(현성)이다.

본래 공한 자리에 단지 이름을 지어 우리가 사용할 뿐이다. 어떤 이름도 독립되거나 고정되거나 영원하거나 절대적일 수 없다.

태안이라 해도 나요 학봉이라 해도 나요 준수라 해도 나며 법찬이라 해도 나다. 相(상)에 집착해도 허물이 수미산이요 非相(비상)에 집착해도 허물이 수미산이다. 그러면 어찌해야 수미산의 허물을 면할 수 있을까?

잘못된 견해

須菩提야 汝는 勿謂如來가 作是念하대 我當有所說法이라 하라 莫作是念이니 何以故오 若人이 言如來가 有所說法이라 하면 則爲謗佛이니 不能解我所說故니라.

수보리야, 너는 여래가 생각하되 내가 설한 바 법이 있다고 여기느냐? 그렇게 생각하지 말라. 왜냐하면 어떤 사람이 여래가 설한 바 법이 있다고 하면, 곧 부처를 비방하는 것으로 내가 설한 바를 알지 못하는 까닭이니라.

설법상을 털다

須菩提야 說法者는 無法可說을 是名
說法이니라. 爾時에 慧命須菩提가 白
佛言하되 世尊하 頗有衆生이 於未來
世에 聞說是法하고 生信心不닛가

수보리야, 설법이란 설할 만한 법이 없는
것을 말하는 것이니, 이름하여 설법이라
할 뿐이니라. 때에 혜명 수보리가 부처님
께 아뢰었다. 세존이시여, 자못 중생이 미
래세에 이런 가르침을 듣고 믿는 마음을
내겠나이까?

비설소설분

중생상을 털다

佛言하사대 須菩提야 彼非衆生이며 非
不衆生이니 何以故오 須菩提야 衆生
衆生者는 如來가 說非衆生일새 是名
衆生이니라.

부처님이 말씀하셨다. 수보리야, 저들은
중생이 아니며 중생이 아닌 것도 아니니,
왜냐하면 중생 중생이라 하는 것은 여래
가 말하길 중생이, 중생이 아니라 이름하
여 중생일 뿐이니라.

얻을 바 없는 자리

須菩提가 白佛言하되 世尊하 佛이 得
阿耨多羅三藐三菩提는 爲無所得
耶닛가

수보리가 부처님께 아뢰었다. 세존이시여,
부처님께서 크고 넓고 밝은 깨달음을 얻
은 것은 얻은 것이 없는 것입니까?

무법가득분

佛言하사대 如是如是니라 須菩提야 我
於阿耨多羅三藐三菩提에 乃至無
有少法도 可得일새 是名阿耨多羅三
藐三菩提니라.

부처님께서 말씀하셨다. 그러하니라. 수
보리야, 내가 밝은 깨달음에 조그마한 법
도 얻을 수 없는 자리를 이름하여 큰 깨달
음이라 할 뿐이니라.

깨끗한 마음으로

 불교는 자각의 종교이다. 본능 속에 무지한 빈곤은 자성에 빛나는 자각의 보석으로 채워야 한다. 불자라면, 행복을 꿈꾸는 이라면 스스로에게 자문해 보라. 나는 왜 사는가? 나는 무엇으로 사는가? 나는 어떻게 살 것인가?

 나는 왜 사는가? 도 닦으며 산다. 나는 무엇으로 사는가? 나는 몸으로 행동하며 입으로 말하며 마음으로 생각하며 산다. 나는 어떻게 살 것인가? 당연히 깨끗한 마음으로 나눔을 실천하며 살아야 한다.

 악인 백 명에게 보시하는 것보다 선인 한 명에게 보시하는 공덕이 더 크고, 보통 사람 천 명에게 보시하는 것보다 수행자 한 명에게 보시하는 공덕이 더 크다. 행적이 애매한 신에게 헌신하는 것보다 출생이 명확한 부처님에게 공양하는 공덕이 천 배 만 배 어떤 산수나 비유로도 비교할 수 없이 많다.

행위만이 있을 뿐이다

復次 須菩提야 是法平等하야 無有
高下일새 是名阿耨多羅三藐三菩提
니 以無我, 無人, 無衆生, 無壽者로
修一切善法하면 則得阿耨多羅三藐
三菩提하리라.

다시 수보리야, 법이 평등하여 고하가 없
나니 이를 밝은 깨달음이라 이름할 뿐이
니라. 아상도 없고 인상도 없으며 중생상
수자상도 없는 깨끗한 마음으로 선법을
행하면 크고 넓고 밝은 깨달음을 얻게 되
리라.

선법상을 털다

須菩提야 所言善法者는 如來가 說하
대 即非善法일새 是名善法이니라.

수보리야 선법이라 말하는 것도 여래가
말하되 선법이 아니라 이름하여 선법일
뿐이니라.

칠보로 보시한 공덕

須菩提야 若三千大千世界中에 所
有諸須彌山王의 如是等七寶聚로
有人이 持用布施하야도

수보리야, 삼천대천세계 가운데 있는 모
든 수미산왕 만한 칠보 덩어리로 어떤 사
람이 나눔을 행하더라도

어찌 복이 없으랴

若人이 以此般若波羅蜜經에서 乃至
四句偈等을 受持讀誦하야 爲他人說
하면 於前福德으론 百分에 不及一이며
百千萬億分과 乃至算數譬喩로 所
不能及이니라.

다른 사람은 본경에 사구게 만이라도 수
지하고 독송하며 남을 위해 말해 주면, 앞
의 복덕으로는 백분의 일에도 미치지 못
하고 백천만억분만이 아니라 어떤 산수
비유로도 비교할 수가 없느니라.

본래 완전한 자리

須菩提야 於意云何오 汝等은 勿謂如來가 作是念호대 我當度衆生이라하라 須菩提야 莫作是念이니 何以故오 實無有衆生도 如來가 度者니 若有衆生을 如來가 度者면 如來가 則有我, 人, 衆生, 壽者니라.

수보리야, 어떻게 생각하느냐? 너희는 여래가 생각하되 '내가 중생을 제도하리라'고 생각하지 말라. 수보리야, 왜냐하면 어떤 중생도 여래가 제도할 자가 없나니 여래가 제도할 중생이 있다면, 곧 여래가 아, 인, 중생, 수자상이 있느니라.

화무소화분

제도할 범부는 없다

須菩提야 如來가 說有我者는 卽非有
我어늘 而凡夫之人이 以爲有我라하나
니 須菩提야 凡夫者는 如來가 說卽非
凡夫일새 是名凡夫니라.

수보리야, 여래가 말한 내가 있다는 것은
곧 내가 있다는 것이 아니거늘 범부들이
내가 있다고 여길 뿐이니라. 수보리야, 범
부라는 말도 여래가 말하되 범부가 아니
라 이름하여 범부일 뿐이니라.

법신은 깨끗하다

僧寶(승보)에는 보살 연각 성문 三乘(삼승) 세 가지 수레가 있고, 法寶(법보)에는 경장 율장 논장 三藏(삼장) 즉 세 가지 말씀이 있으며, 佛寶(불보)에는 법신 보신 화신 三身(삼신) 세 가지 몸매가 있다.

화신은 인연 따라 보이는 몸매이니 三賢位(삼현위) 보살들이 친견할 수 있는 부처님 몸매이고, 보신은 끝없는 수행으로 이룬 공덕의 몸매이니 十地位(십지위) 보살이 친견할 수 있는 부처님 몸매이다.

법신은 이름도 없고 몸매도 없고 설법도 없으며 설할 법도 없다. 가고 오는 것도 없으며 볼 수도 없는 몸매로서 妙覺位(묘각위)에 오른 佛世尊(불세존)만이 체험할 수 있는 몸매 아닌 몸매이다. 모든 법의 공한 자리 한 우리의 생명 한 우리의 지혜이다. 몸 없는 몸이 참 몸이다.

須菩提야 於意云何오 可以三十二
相으로 觀如來不아 須菩提가 言하되 如
是如是니다 以三十二相으로 觀如來
니다

수보리야, 어떻게 생각하느냐? 삼십이상
으로 여래를 볼 수 있느냐? 수보리가 얼
떨결에 아뢰었다. 그러합니다. 삼십이상
으로 여래를 볼 수 있습니다.

전륜성왕은 여래가 아니다

佛言하사대 須菩提야 若以三十二相
으로 觀如來者인댄 轉輪聖王이 卽是
如來로다

부처님이 말씀하셨다. 수보리야 삼십이
상으로 여래를 볼 수 있다면 전륜성왕도
여래라 해야 하리라.

분별로는 여래를 볼 수 없다

須菩提가 白佛言하되 世尊하 如我가
解佛所說義컨댄 不應以三十二相으
로 觀如來니다

수보리가 알아차리고 부처님께 아뢰었
다. 세존이시여, 제가 부처님이 말씀하신
뜻을 이해하건대 결코 삼십이상으로는
진정한 여래를 볼 수 없나이다.

법신비상분

삿된 견해를 밝히시다

爾時에 世尊이 而說偈言하사대『若以色見我어나 以音聲求我하면 是人行邪道라 不能見如來니라』

때에 부처님이 게송으로 말씀하셨다. "모양으로 나를 보려 하거나 음성으로 나를 찾으려 하면, 이는 삿된 도를 행하는 것이라 결코 여래를 볼 수 없으리라."

단멸이라 여기지 말라

須菩提야 汝가 若作是念하대 如來가 不以具足相故로 得阿耨多羅三藐三菩提아 須菩提야 莫作是念하대 如來가 不以具足相故로 得阿耨多羅三藐三菩提라 하라.

수보리야, 네가 생각하되 여래가 모양을 갖추지 않았기에 밝은 깨달음을 얻었다 여기느냐? 수보리야, 여래가 모양을 갖추지 않았기에 크고 넓고 밝은 깨달음을 얻었다고는 여기지 말지니라.

무단무멸분

단멸상에 빠지지 말라

須菩提야 汝가 若作是念하대 發阿耨
多羅三藐三菩提心者는 說諸法斷
滅가 莫作是念이니 何以故오 發阿耨
多羅三藐三菩提心者는 於法에 不
說斷滅相하느니라.

수보리야, 네가 생각하되 크고 넓고 밝은
깨달음의 마음을 일으킨 이는 모든 법의
단멸을 설하리라 여기느냐? 그렇게 여기
지 말라. 왜냐하면 큰 깨달음의 마음을 일
으킨 이는 법에 대해 단연코 단멸상을 설
하지 않기 때문이니라.

무단무멸분

172

지식은 무능하다

알면 지식이고 깨달으면 지혜이다. 지식은 망각하고 오해하기 쉽지만, 깨달음은 세월이 갈수록 더욱 빛이 난다.

지식은 뻔히 알면서도 실천하고는 무관하다. 때문에 해결해야 할 온갖 문제를 풀지 못하고 오늘도 많은 문제를 안고 힘겹게 살아가고 있다.

깨달으면 지혜가 밝아져서 문제가 보인다. 따라서 실천이 저절로 이루어지기 때문에 문제에서 벗어나 자유롭게 삶을 디자인할 수 있다.

풀어야 할 문제란 무엇인가? 고품다. 고품란 불교의 독특한 문제 인식이다. 불교는 우리가 안고 있는 모든 문제를 고품라고 한다.

깨달아야 한다

세인들이 가장 많이 오해하고 피하려고 하는 네 가지 진리가 있다. 고苦, 공空, 무상無常, 무아無我이다.

이 네 가지는 가장 확실한 진리임에도 불구하고 네 가지가 없는 네 가지로 오해받고 있다. 지식은 이 문제를 해결하지 못한다.

깨달아야 한다. 깨달음만이 문제를 해결할 수 있다. 고苦를 해결 할 수 있다는 말이다. 苦,空,無常,無我 꼭 기억해 두기 바란다.

네 가지 가운데 苦는 우리에게 주어진 문제이고, 나머지 셋은 그 문제를 푸는 열쇠이다. 문제를 해결하기 위해서는 공,무상,무아를 깨달아야 한다.

須菩提야 若菩薩이 以滿恒河沙等
世界七寶로 持用布施하야도

수보리야, 어떤 보살이 항하의 모래 수와
같이 많은 세계에 가득한 칠보로 나눔을
실천하였다고 하자

받는다는 인식도 없다

若復有人이 知一切法無我하야 得成
於忍하면 此菩薩이 勝前菩薩의 所得
功德이니 何以故오 須菩提야 以諸菩
薩은 不受福德故니라.

또 다른 사람이 일체법이 무아인 이치를
알고 자각한다면 이 보살은 앞의 보살이
얻은 공덕보다 매우 뛰어나리라. 왜냐하
면 수보리야, 진정한 보살은 복덕을 받는
다는 인식이 없기 때문이니라.

왜 받지 않는가?

須菩提가 白佛言하되 世尊하 云何菩
薩이 不受福德이닛고 須菩提야 菩薩은
所作福德에 不應貪着일새 是故로 說
不受福德이니라.

수보리가 부처님께 아뢰었다. 세존이시
여 어찌하여 보살이 복덕을 받지 않나이
까? 수보리야, 보살은 지은 바 복덕을 탐
착하지 않기 때문에 복덕을 받지 않는다
고 말하느니라.

불수불탐분

須菩提야 若有人이 言하대 如來가 若
來若去어나 若坐若臥라 하면 是人은 不
解我가 所說義니 何以故오 如來者는
無所從來며 亦無所去일새 故名如來
니라.

수보리야, 어떤 사람이 말하되 여래가 왔
다하거나 간다거나 앉는다거나 눕는다고
한다면 이 사람은 내가 말한 뜻을 전혀 이
해하지 못한 것이니, 왜냐하면 여래는 쫓
아온 바도 없고 가는 바도 없기 때문에 여
래라 이름하느니라.

집단상에 걸리지 말라

예로부터 운명을 개선하는 다섯 가지 방법이 전해오고 있다. 첫째는 積善(적선)이니 작은 선행일지라도 모아가는 것이고, 둘째는 明堂(명당)이니 밝은 장소를 찾는 것이고, 셋째는 讀書(독서)니 좋은 책을 읽는 것이고, 넷째는 冥想(명상)이니 생각을 가라앉히고 사유하는 것이다. 다섯째는 知命(지명)이니 자신의 형편이나 타고난 습성을 파악하고 아는 것이다. 불자는 늘 선을 행하는 마음이 있고 부처님이 계신 법당을 자주 찾아 경전을 독송하고 염불명상을 즐기며 큰 욕심 내지 않고 분에 맞는 삶을 살아간다면 무엇을 근심하리요.

인생을 알아버린 사람은 이것에도 저것에도 걸림 없이 자유롭다. 행복이 무엇인지를 알아버린 사람은 다시는 행복을 찾아 헤매지 않을 것이다. 금강경은 이것을 가르치고 있다. 어디에도 걸림 없이 자유로운 삶이 무엇인지 금강경은 알고 있다.

세존이 물으시다

須菩提야 若善男子나 善女人이 以三
千大千世界로 碎爲微塵하면 於意云
何오 是微塵衆이 寧爲多不아

수보리야, 선남자나 선여인이 삼천대천
세계를 부수어 미진을 만든다면, 어떻게
생각하느냐? 이 미세한 먼지가 얼마나 많
겠느냐?

須菩提言하되 甚多니다 世尊하 何以
故오 若是微塵衆이 實有者인댄 佛이
則不說是微塵衆이니 所以者何오 佛
說微塵衆이 卽非微塵衆일새 是名微
塵衆이니다.

매우 많겠나이다. 세존이시여, 미진중이
진실로 있다면 부처님께서 미진중을 말
씀하지 않았을 것이니, 왜냐하면 부처님
이 말씀하신 미진중은 곧 미진중이 아니
라 이름하여 미진중이기 때문입니다.

화합상을 털다

世尊_하 如來_가 所說_한 三千大千世界_가 卽非世界_{일새} 是名世界_니 何以故_오 若世界_가 實有者_{인댄} 則是一合相_{이어니와} 如來_가 說一合相_은 卽非一合相_{일새} 是名一合相_{이니다.}

세존이시여, 여래가 말한바 삼천대천세계도 세계가 아니라 이름하여 세계라 할 뿐이니, 왜냐하면 세계가 진실로 있다면 하나의 화합상이어니와 여래께서 말씀하신 일합상은 일합상이 아니라 이름하여 일합상인 것입니다.

세존이 맺으시다

須菩提야 一合相者는 卽是不可說이
어늘 但凡夫之人이 貪着其事니라.

수보리야, 하나의 화합상은 말로 할 수 없
는 것인데, 무지한 범부중생이 그 일에 탐
착하고 분별하느니라.

불교는 美學이다

불교는 인문학의 최고봉이다. 불교는 신을 찬양하지 않는다. 인간의 아름다움을 찬양한다.

보시는 나눔의 미학이다. 베풂이 아니라 나눔이어야 한다. 지계는 기다림의 미학이다. 지키는 것이 아니라 기다림이어야 한다.

인욕은 받아들임의 미학이다. 참음이 아니라 받아들임이어야 한다. 정진은 익힘의 미학이다. 노력이 아니라 익혀감이어야 한다.

선정은 비움의 미학이다. 비워야 새로이 채워진다. 지혜는 깨달음의 미학이다. 아는 것이 아니라 깨달음이어야 한다.

이걸 알면 지인知人이고 깨달으면 도인道人이며, 염불명상 하면 아름다운 사람, 미인美人이다.

須菩提야 若人이 言하대 佛이 說我見,
人見, 衆生見,壽者見이라 하면 須菩
提야 於意云何오 是人이 解我가 所說
義不아 不也니다 世尊하 是人이 不解
如來所說義니

수보리야, 어떤 사람이 여래가 아견,인견,
중견,수자견을 설한다 하면 수보리야, 어
떻게 생각하느냐? 이 사람이 내가 말한 뜻
을 아느냐? 아닙니다. 세존이시여, 이 사
람은 여래께서 말씀하신 참된 이치를 알
지 못하나이다.

털었다는 소견마저 털다

何以故오 世尊이 說我見, 人見, 衆生見, 壽者見은 卽非我見, 人見, 衆生見, 壽者見일새 是名我見, 人見, 衆生見, 壽者見이니다.

왜냐하면 세존께서 말씀하신 아견, 인견, 중생견, 수자견은 아견, 인견, 중생견, 수자견이 아니라 이름하여 아견, 인견, 중생견, 수자견이라 할 뿐입니다.

이와 같이 믿고 알라

須菩提야 發阿耨多羅三藐三菩提
心者는 於一切法에 應如是知하며 如是
見하며 如是信解하야 不生法相이니라.

수보리야, 밝은 깨달음의 마음을 일으킨
이는 일체법에 대하여 이와 같이 알고, 이
와 같이 보며, 이와 같이 믿고 깨달아서
진리라는 분별상을 내지 말지니라.

지견불생분

須菩提야 所言法相者는 如來가 說卽
非法相일새 是名法相이니라.

수보리야, 법상이라는 것도 여래가 말하
길 법상이 아니라 이름하여 법상일 뿐이
니라.

믿고 받들어 행하다

경전을 수지 독송 서사 해설하는 공덕이 칠보로 보시한 복덕보다 월등히 수승하다는 문장이 여러 차례 있는데 이것을 교량공덕 또는 校量顯勝(교량 현승)이라 한다.

첫째, 의법출생분 둘째, 무위복승분 셋째, 존중 정교분 넷째, 여법수지분 다섯째, 지경공덕분 여섯째, 법계통화분 일곱째, 복지무비분 마지막으로 본 장에 한 번 더 나온다. 부처님은 복덕과 지혜를 모두 갖추신 분이다. 아무리 복덕이 수미산만 하더라도 지혜가 없으면 복덕이 도리어 업장이 된다.

경을 들으면 지혜가 생기고 지혜가 생기면 분별하고 차별하는 상에 걸리지 않고 집착하는 마음이 없으면 마음이 맑아진다. 마음이 맑아지면 본래 두루해 있는 진여의 무궁한 행복을 얻게 되기 때문에 보시의 복덕보다 지혜의 공덕이 어떤 수학적 셈으로도 견줄 수 없는 것이다.

그래도 하는 마음에

須菩提_야 若有人_이 以滿無量阿僧
祇世界七寶_로 持用布施_{하야도}

수보리야, 어떤 사람이 한량없는 아승기
세계에 가득찬 칠보로 나눔을 행하고

응화비진분

190

若有善男子나 善女人이 發菩薩心
者가 持於此經하야 乃至四句偈等을
受持讀誦하며 爲人演說하면 其福이
勝彼하리라.

다른 선남자나 선여인이 보살의 마음을
일으킨 이가 본경을 지니고 사구게 등만
이라도 수지하고 독송하며 남을 위해 연
설한다면, 그 복이 앞의 복보다 월등히 뛰
어나리라.

云何히 爲人演說고 不取於相하야 如
如不動이니라. 何以故오

어떻게 남을 위해 연설하는가? 일체 모든
차별된 상을 취하지 않으므로 언제나 평
등하고 청정한 마음으로 움직이지 않느
니라. 왜냐하면

마지막 사구게

『一切有爲法이 如夢幻泡影하며 如露亦如電하니 應作如是觀』이니라.

"일체 현상계의 생멸하는 법은 꿈이며 허깨비며, 물거품이며 그림자와 같으며, 이슬 같고 번개와 같으니, 마땅히 이와 같이 보아야 할지니라."

佛이 說是經已하시니 長老須菩提와 及諸比丘와 比丘尼와 優婆塞, 優婆夷와 一切世間의 天人,阿修羅가 聞佛所說하고 皆大歡喜하야 信受奉行하니라.

부처님께서 경을 설하여 마치시니 장로 수보리와 비구,비구니와 우바새,우바이와 일체 세간의 천인과 아수라 등이 부처님 말씀을 듣고 모두 크게 기뻐하며 환희로운 마음으로 믿고 받들어 행하였느니라.

이 공덕이 두루하여

願以此功德
普及於一切

원하건대 이공덕이 온누리에 두루하여

我等與衆生
當生極樂國

저와함께 중생들이 극락정토 태어나서

同見無量壽
皆共成佛道

무량수불 친견하고 모두성불 하여지다

낭송 반야심경

우주만법의 공한 본성을 노래하고 있는 반야심경은 염불명상의 꽃이다. 글자가 아니라 글자 한 자 한 자가 지혜이다.

깨달음의 비밀은 이미 다 설해졌다. 이제 그것을 명상하고 긍정하고 수용하라. 있는 그대로를 인정하라. 그리고 그렇게 살도록 실천하라.

반야심경을 독송이 아니라, 또박또박 경에 담긴 교리를 이해하면서 낭송을 한다면 시간이 지날수록 명상이 깊어질 것이다.

모르고 하는 의식은 아무 의미가 없다. 10년을 했는데도 아직도 모른다면 거기에 심각한 문제가 있다. 부처님은 결코 그러기를 바라지 않으실 것이다. 이제는 알고 하자.

摩訶 般若 波羅蜜多 心經

광대하고 원만하며 걸림없는 반야지혜
명상으로, 행복하게 지혜롭게 올바르게
깨인 삶을 열어가는, 세상에서 가장 존귀
하신 부처님의 가르침이니라.

觀自在菩薩

무지한 중생을 살피시는 지혜와 자비의
관이 자재하신 보살께서

行深般若 波羅蜜多時

무지에서 깨침으로 나아가는 반야의 삶
을 실천할 때

照見 五蘊皆空 度一切苦厄

몸을 이루고 있는 색과 마음을 이루고 있
는 수,상,행,식 다섯 가지 모임이, 모두 실
체가 없는 공한 본성임을 비추어 보고, 온
갖 괴로움의 문제를 해결하느니라.

舍利子

사리자여, 다섯 가지 모임이 모두 공한 까
닭은 이러하니라.

色不異空 空不異色

현상계인 물질이 본질계인 공성과 다르
지 않아서, 공인 공성이 그대로 색인 물질
이며

色卽是空 空卽是色

본질계인 공성이 그대로 현상계인 물질
이기 때문에 색인 물질이 공인 공성과 조
금도 다르지 않느니라.

受想行識 亦復如是

전오식의 감수작용인 수와 제육식의 지각작용인 상과 제칠식의 의지작용인 행과 제팔식의 인식작용인 식도 모두 물질인 색의 경우와 같느니라.

舍利子 是諸法空相

사리자여, 모든 법의 공한 본성이란

不生不滅

시간적으로 볼 때 새롭게 생겨나는 것도
아니고, 있다가 없어지는 것도 아니며,

不垢不淨

질적으로 볼 때 더러워지거나 깨끗해지
는 일이 없으며,

不增不減

양적으로 볼 때 늘어나거나 줄어드는 것
도 아니니라.

是故空中

그러므로 본래 공한 본성의 차원에서 비추어 보면,

無色

몸을 이루고 있는 물질인 색이 없으며,

無受想行識

나아가 마음을 이루고 있는 전오식의 감각작용과 제육식의 생각작용과 제칠식의 식별작용과 제팔식의 인지작용도 없느니라.

無眼耳鼻舌身意

주관적 감각기관인 눈과 귀, 코와 혀, 몸
과 의식도 없으며,

無色聲香味觸法

객관적 감각대상인 빛깔과 모양, 소리와
냄새, 맛과 촉감, 의식의 대상인 심리적인
법도 없느니라.

無眼界 乃至

눈의 활동영역인 눈의 세계와 귀의 활동
영역인 귀의 세계와 몸의 활동영역인 몸
의 세계와

無意識界

나아가 의식의 활동영역인 의식의 세계
까지도 없느니라.

십이연기도 없고

無無明 亦無無明盡

모든 문제의 근본 원인인 무명도 없고,
또한 무명을 극복한 깨달음의 경지도 없
으며

乃至

그리고 행과 식, 명색과 육입, 촉과 수, 애와
취, 유와 생도 없으며

無老死 亦無老死盡

인생의 현상인 늙고 죽음도 없고, 늙고 죽
음에서 벗어난 특정한 경지도 없느니라.

無苦集滅道

괴로움인 고의 진리와 괴로움의 원인인 집의 진리와 괴로움의 소멸인 멸의 진리와 괴로움의 소멸인 멸에 이르는 도의 진리도 없으며,

無智亦無得

깨달음의 지혜라고 할 만한 것도 없고, 깨달음을 얻었노라 할 만한 것도 없느니라.

걸림 없는 마음으로

以無所得故 菩提薩埵

깨달음의 지혜라고 할 만한 것도 없고, 깨
달음을 얻었노라 할 만한 것도 없기 때문
에, 보살은

依般若波羅蜜多故 心無罣礙

제법의 공한 본성을 체득한 지혜로운 삶
에 의지하기 때문에 어디에도 걸림이 없
고,

완전한 열반에

無罣礙故 無有恐怖

걸림이 없기 때문에 두려운 마음이 없으며,

遠離顚倒夢想

끝내는 뒤바뀐 헛된 꿈이나, 과대한 망상
에서 벗어나

究竟涅槃

완전한 평화를 이루느니라.

삼세 부처님도

三世諸佛

과거 현재 미래의 모든 부처님도

依般若波羅蜜多故

제법의 공한 본성을 체득한 반야로운 삶
에 의지하기 때문에

得阿耨多羅三藐三菩提

가장 보편적이고 가장 바른 깨달음을 얻
느니라.

그러므로 알라

故知般若波羅蜜多

그러므로 제법의 공한 본성을 체득한 반야로운 삶의 가르침은

是大神呪 是大明呪

가장 신통한 주문이며, 가장 밝은 주문이며,

是無上呪 是無等等呪

가장 위대한 주문이며, 가장 평등한 주문이니,

能除一切苦 眞實不虛

온갖 문제를 해결하고 진실하며, 거짓되지 않는 가르침으로 받들어 행할지니라.

故說般若波羅蜜多呪
卽說呪曰

이제 반야바라밀다주를 설하노라.

『아제아제 바라아제 바라승아제 모지 사
바하』(3번)

-반절-

211

예불문 명상

불자라면 부처님의 생애를 알고, 부처님의 삶을 흠모하며, 불보살의 은혜를 느끼고, 공덕을 찬탄하며, 불자다운 마음가짐을 가져야 한다.

칠정례 앞에 석가여래 팔상 송, 제불보살 대은 송, 보현보살 행원 송, 다생부모 은중 송을 염송하며, 삼보전에 예불을 올리도록 하였다.

예불은 자비광명 부처님과 진리광명 가르침과 무량광명 제대보살과 복덕광명 자비성중과 광명이신 선지식과 청정광명 스님네와 선대부모 그리고 내 자신이 대자대비 광명 속에 하나 되는 명상으로 올리는 의식이다.

우리 몸은 무수억 개의 세포 조직으로 이루어졌다. 염불을 통해 세포 하나하나마다 광명을 보내는 명상으로 의식을 행해야 한다.

兜率來儀相
毘藍降生相

도솔천궁 떠나시어 마야부인 태에들어
사월파일 룸비니에 왕자되어 나시었네

四門遊觀相
踰城出家相

사대문을 둘러보고 노병사를 아시고서
이월파일 성을떠나 출가사문 되시었네

수도 성도

雪山修道相
樹下降魔相

설산에서 육년세월 수행정진 전념하사
마군중을 항복받고 무상정각 이루셨네

전법 열반

鹿苑轉法相
雙林涅槃相

녹야원의 설법으로 중생교화 시작하사
사라쌍수 그늘아래 대열반에 드시었네

-반절-

오직 중생위한 발심

發心普被恩
難行苦行恩

중생제도 발심으로 가피하여 주신은혜
난행고행 닦은공덕 중생위한 은혜로다

중생의 형상으로

一向爲他恩
隨形六途恩

자신안락 뒤로하고 중생만을 위한은혜
육도중생 모습따라 함께하신 은혜로다

제불보살 대은송
215

크신 자비 깊어라

隨逐衆生恩
大悲深重恩

중생들의 원을따라 이뤄주신 은혜이고
깊고중한 대자비로 교화중생 은혜로다

중생 모습 그대로

隱勝彰劣恩
爲實示權恩

신통지혜 숨기시고 동사섭을 펴신은혜
제법실상 보이시려 방편력을 쓰신은혜

중생 아끼는 마음

示滅生善恩
悲念無盡恩

열반모습 보이시어 발심토록 하신은혜
대자비를 베푸심에 다함없는 은혜로다

-반절-

예경하고 칭찬하는 마음

禮敬諸佛願
稱讚如來願

시방국토 부처님을 예경하는 행원이요
삼세여래 무량공덕 찬탄하는 행원이며

공양하고 참회하는 마음

廣修供養願
懺除業障願

제불보살 빠짐없이 공양하는 행원이요
무량중생 지은업장 참회하는 행원이며

보현보살 행원송

수희하고 청법하는 마음

隨喜功德願
請轉法輪願

일체중생 모든공덕 기뻐하는 행원이요
법의수레 굴리기를 권청하는 행원이며

수순하는 마음

請佛住世願
常隨佛學願

부처님몸 오래도록 머물기를 청함이요
부처님법 항상따라 배우려는 행원이며

회향하는 마음

恒順衆生願
普皆廻向願

중생들의 근기따라 행하려는 행원이요
모든공덕 아낌없이 회향하는 행원이라

-반절-

낳으시고 기르시며

懷耽守護恩
臨産受苦恩

태중에서 열달동안 품어주신 은혜이고
낳으실제 아픈고통 참아내신 은혜로다

生子忘憂恩
咽苦吐甘恩

아기낳고 모든시름 내려놓신 은혜이고
맛난음식 가리어서 먹여주신 은혜로다

가리시고 먹이시며

回乾就濕恩
乳哺養育恩

마른자리 젖은자리 가려주신 은혜이고
젖먹이며 다독거려 키워주신 은혜로다

洗濯不淨恩
遠行憶念恩

더러운것 마다않고 씻어주신 은혜이고
집을떠나 먼길가면 염려하신 은혜로다

구경엔들 잊으실까

爲造惡業恩
究竟憐愍恩

자식위해 무릅쓰고 악업지은 은혜이고
구경토록 자식걱정 연민하는 은혜로다

-반절-

223

변만하신 부처님

法身遍滿 百億界
普放金色 照人天

청정하신 부처님몸 백억세계 두루하사
금색광명 널리놓아 인천세간 비추시네

應物現形 潭底月
體圓正坐 寶蓮臺

형상따라 몸을보여 온갖모습 나투지만
의젓하신 부처님은 보련대에 앉으셨네

-반절-

충만하신 부처님

佛身充滿 於法界
普現一切 衆生前
부처님몸 백억으로 온법계에 충만하사
시방일체 걸림없이 중생앞에 나투시네

隨緣赴感 靡不周
而恒處此 菩提座
인연따라 감응하되 어디인들 못응하리
보리좌에 앉으신몸 하나인듯 백억일세

-반절-

225

佛身普遍 十方中
三世如來 一切同

부처님몸 온누리에 두루원만 하사오니
시방삼세 일체여래 한몸인듯 같으시네

廣大願雲 恒不盡
汪洋覺海 渺難窮

넓고크신 자비원력 구름인양 다함없고
깨달음의 넓은세계 바다처럼 드넓어라

-반절-

발심하는 마음

大慈大悲 愍衆生
大喜大捨 濟含識

대자대비 광명으로 중생교화 끝이없고
대희대사 넓은마음 어느중생 버리실까

相好光明 以莊嚴
我等發心 歸命禮

상호광명 빛나시는 존귀하신 성상이여
저희등이 발심하여 귀명정례 하나이다

-반절-

227

맑고 향기롭게

戒香 定香 慧香
解脫香 解脫知見香
계향정향 혜향으로 보리마음 밝아지고
해탈향과 해탈지견 법신향을 행하오니

光明雲臺 周徧 法界
供養十方 無量佛法僧
광명운대 이루고서 시방법계 두루하여
다함없는 삼보전에 공양예경 하여지다

-반절-

228

獻香眞言

법신향을 올리오며 염송하는 진언이라

『옴 바아라 도비야 훔』(3번)

-반절-

至心歸命禮
三界導師 四生慈父
是我本師 釋迦牟尼佛

삼계중생 인도하사 해탈의길 보이시고
온생명의 근원이신 자애로운 어버이요
우리들의 본사이신 석가모니 부처님께
저희등이 마음모아 공양예경 올립니다

-절-

자비광명 불보전에

至心歸命禮
十方三世 帝網刹海
常住一切 佛陀耶衆

시방공간 두루하사 안계신곳 없으시고
삼세시간 항상하사 안계신때 없으시는
거룩하신 삼보자존 자비광명 불보전에
저희등이 마음모아 귀명정례 올립니다

-절-

진리광명 법보전에

至心歸命禮
十方三世 帝網刹海
常住一切 達摩耶衆

시방공간 두루하사 안계신곳 없으시고
삼세시간 항상하사 안계신때 없으시는
자비하신 삼보자존 진리광명 법보전에
저희등이 마음모아 귀명정례 올립니다

-절-

至心歸命禮
大智文殊 舍利菩薩
大行 普賢菩薩
大悲 觀世音菩薩
大願本尊 地藏菩薩 摩訶薩

크신지혜 문수보살 크신실천 보현보살
자비크신 관음보살 원력깊은 지장보살
상구보리 하화중생 무량광명 제대보살
저희등이 마음모아 공양예경 올립니다

-절-

233

복덕광명 성중전에

至心歸命禮
靈山當時 受佛付囑
十大弟子 十六聖 五百聖
獨修聖 乃至 千二百
諸大阿羅漢 無量慈悲聖衆

영산당시 부처님께 미래성불 수기받은
십대제자 십육성자 오백성자 독수성자
천이백의 아라한등 복덕광명 자비성중
저희등이 마음모아 공양예경 올립니다

-절-

至心歸命禮
西乾東震 及我海東 歷代傳燈
諸大祖師 天下宗師
一切微塵數 諸大善知識

서천에서 동진으로 우리나라 해동국에
부처님의 진리등불 전해오신 조사님네
천하종사 미진수의 광명이신 선지식께
저희등이 마음모아 공양예경 올립니다

-절-

청정광명 승보전에

至心歸命禮
十方三世 帝網刹海
常住一切 僧伽耶衆

시방공간 두루하사 안계신곳 없으시고
삼세시간 항상하사 안계신때 없으시는
자비하신 삼보자존 청정광명 승보전에
저희등이 마음모아 귀명정례 올립니다

-절-

중생 위한 마음으로

唯願
無盡三寶 大慈大悲
受我頂禮 冥熏加被力

다함없는 삼보자존 대자대비 광명으로
저희등의 성심어린 귀명정례 감응하사

願共法界 諸衆生
自他一時 成佛道

법계안의 중생들이 반야지혜 밝아져서
일시성불 이루도록 명훈가피 하옵소서

-절-

부처님 열 가지 명호

南無 釋迦

번뇌를 항복받고 정각을 이루시니
삼계에 스승이요 인류의 선도자라

如來 應供

진리의 광명으로 나투는 분이시며
마땅히 공양올릴 거룩한 분이시며

正偏知 明行足

바르게 두루앎을 성취한 분이시며
지혜와 실천행이 완전한 분이시며

인간과 천상의 스승

善逝 世間解

법신의 광명으로 머무는 분이시며
세상사 모든일을 다아는 분이시며

無上師 調御丈夫

천하에 제일가는 희유한 분이시며
중생을 제도하는 뛰어난 장부시며

天人師 佛世尊

하늘과 인간세에 존귀한 분이시며
최상의 깨달음을 완성한 분이시라

위대하셔라

위대하셔라 세존이시여!

넘어진 자를 일으켜 주심과 같이
덮인 것을 들어내 보이심과 같이

헤매는 자에게 길을 일러주심과 같이
뒤바뀐 생각을 바로잡아 주심과 같이

빈궁한 자에게
값진 보배가 되어 주심과 같이

온갖 방편 설하시어

병고자에게
어진 의사가 되어 주심과 같이

어둠 속에서 등불을 밝히고
눈 있는 자는 보라고 말씀하심과 같이

세존께서는 온갖 방편을 설하시어
저희들의 원을 이루어 주시네.

그러므로 저희등이 마음자리 나아가고
생명근원 돌아와서 합장예경 올립니다

-반절-

삼귀의 발원

나는 이제 부처님 발 아래 엎드려 절하고
언제 어디서나
부처님과 함께하겠습니다.

나는 이제 부처님 가르침에 의지하고
내 자신을 지혜롭게 하겠습니다.

나는 이제 부처님 모임에 참여하고
내 자신을 자비롭게 하겠습니다.

-반절-

가족 도반을 위한 축원

강물이 흘러서 바다에 이르듯
기운 달이 차서 둥근달이 되듯
이와 같은 나의 수행 공덕으로

나의 가족과 나의 도반들이
슬픔과 원망 집착에서 벗어나
기쁨과 행복을 누리기를 기원합니다.

-반절-

이웃을 위한 축원

강물이 흘러서 바다에 이르듯
기운 달이 차서 둥근달이 되듯
이와 같은 나의 수행 공덕으로

이 시대를 살아가는 모든 이웃들이
탐욕과 성냄 어리석음에서 벗어나
기쁨과 행복을 누리기를 기원합니다.

-반절-

생명을 위한 축원

강물이 흘러서 바다에 이르듯
기운 달이 차서 둥근달이 되듯
이와 같은 나의 수행 공덕으로

살아있는 모든 생명들이
고통과 원한 불안에서 벗어나
평화와 행복을 누리기를 기원합니다.

-반절-

자등명 법등명

나는 이제 부처님 가르침대로
법을 등불 삼고, 나를 등불 삼아
깨어있는 마음으로 살겠습니다.

나는 이제 부처님 가르침대로
법을 의지처로, 나를 의지처로 삼아
열려있는 마음으로 살겠습니다.

나는 이제 부처님 가르침대로
언제 어디서나 주체적 자각을 통해
소통하는 마음으로 살겠습니다.

-반절-

불자의 행복

發心懺悔

항상 어제를 돌아보고, 오늘을 성실하게
사는 불자가 되겠습니다.

供養禮敬

시방삼세 부처님과 수행 정진하는 스님들
께 공양하고, 예경하는 불자가 되겠습니다.

-반절-

247

찬탄하는 기쁨

隨喜讚歎
다른 이의 선행을 함께 기뻐하고, 부처님의
공덕을 찬탄하는 불자가 되겠습니다.

受持讀誦
자신의 근기에 맞는 경전을 수지하고, 독송
하는 불자가 되겠습니다.

-반절-

행하는 즐거움

布施持戒
무엇이나 남과 함께 나누며, 만족할 줄 아는
불자가 되겠습니다.

忍辱精進
어떠한 어려움도 지혜롭게 받아들이며
쉼 없이 정진하는 불자가 되겠습니다.

-반절-

회향하는 마음

禪定般若

진정한 행복은 침묵과 고요 속에 있음을 알고, 밝은 지혜를 개발하는 불자가 되겠습니다.

廻向發願

나의 모든 공덕을 일체 중생과 함께 나누고, 더 큰 원을 발하여 행복한 불자가 되겠습니다.

-반절-

일상 발원문

우주법계에 충만하신 부처님! 무한한 지혜와 자비광명으로 저희들 마음의 어둠을 밝히소서.

지난날 무명의 구름에 덮이어 탐진치 삼독으로 지은 업장을 이제 모두 참회하나이다. 저희들은 오랜 세월 동안 스스로 짓고 스스로 받는다는 인과의 도리를 알지 못하고 갈 길 몰라 헤매었나이다.

이제 다행히 부처님의 바른 법을 만나 믿고 돌아와 의지하오니 이 인연공덕으로 업보의 무거운 짐을 벗고 해탈의 밝은 빛을 찾아 자비의 품 안에 들게 하소서.

세간의 등불이시며 온갖 방편으로 중생을 인도하시는 부처님!

행복하게 하소서

저희가 어둠 속에서 방황할 때 세존의 밝은 빛을 만나게 하시고, 뜻하지 않은 시련으로 고통당할 때 세존의 자애로운 손길을 잡게 하시며

불화로 인하여 반목할 때 세존의 온화한 미소를 보게 하시고, 나태와 좌절에 빠져 허덕일 때 세존의 용맹스런 정진을 본받게 하소서.

복덕과 지혜 구족하신 부처님, 지금 저희들 가슴 속에 간절히 원하는 일들이 모두 다 이루어지도록 호념하시고, 모든 생명과 모든 사람들이 화목하고 행복하도록 가피를 내려주옵소서.

나무석가모니불

입지발원문

정반왕궁의 싯달태자로 탄생하시어 인생의
모든 고통을 없애주시기 위해 출가 성도하셔
서 위없는 대도를 우리에게 보여 주신 인류의
대 성자이신 석가모니 부처님 전에 정성을 다
하여 발원하옵고 다짐하오니 자비를 드리우
사 증명하여 주옵소서.

저희는 지난날 어리석음으로 인하여 부처님
의 자비하신 광명을 모르고 세속의 물결에 헤
매었나이다. 이제 다행히 지난 세상의 공덕으
로 부처님과 인연이 된 것은 나의 전 생애에
큰 보람이며 여러 생의 윤회를 끝내는 반가움
이옵니다.

천상천하 유아독존

 부처님께서 탄생하시던 날 '하늘 위와 하늘 아래 내가 가장 높다' 고 가르쳐 주신 교훈은 저희로 하여금 많은 것을 알게 해 주셨습니다.

 첫째, 인간의 본성은 가장 존귀하고 평등한 것임을 알게 해 주셨습니다.

 둘째, 인간의 본성은 끝없는 능력을 가지고 있음을 알게 해 주셨습니다.

 셋째, 나의 주인은 바로 나임을 알게 해 주셨습니다.

인류의 위대한 스승

넷째, 나의 운명은 누구에게 의존하거나 원망할 것이 아님을 알게 해 주셨습니다.

다섯째, 나의 미래는 오늘의 내가 이룩하는 것임을 알게 해 주셨습니다.

부처님이시여, 저희는 오늘부터 이 몸이 다할 때까지 부처님은 진정 나의 위대한 스승이시며 전 인류의 광명임을 믿고 살아가겠습니다.

부처님의 가르침은 진정 나의 속박을 풀어주는 올바른 교훈이며 전 인류가 따라야 할 법보임을 믿고 살아가겠습니다.

진리의 실천자

부처님을 따르는 승단은 진정 나를 바르게 인도해 주는 선도자이며 전 인류가 마음 모아 따라야 할 공동체임을 믿고 살아가겠습니다.

대자대비이신 부처님이시여, 저희는 오늘부터 진리의 실천자로서 위로는 부처님의 법을 새록새록 배워서 자신의 공덕을 쌓고, 아래로는 가족을 비롯하여 멀고 가까움이 없이 단 한 사람에게라도 더없이 부처님의 거룩하심을 알려 주는 진정한 불자가 되겠습니다.

부처님 품 안으로

 나아가 보다 더 근면하고 보다 더 노력하여 내 자신의 잘못을 스스로 꾸짖고 내 몸만을 생각하지 않고 남을 위하려는 습성을 익혀 나아가겠습니다.

 그리하여 나와 가까운 이웃들이 부처님 품 안으로 들어와 참과 거짓이 무엇인가를 알고 원인과 결과의 법칙이 어떠한 것인가를 알아서 각자가 자기의 할 바가 무엇인가를 알고 자기의 행위에 대한 책임을 질 줄 아는 불자가 되기까지 끊임없이 노력하고 이 땅에 불국토가 이루어지도록 힘써 정진하겠나이다.

세존이시여 증명하소서

사바교주 본사 석가모니 부처님이시여, 저희들의 발원을 감응하시고 증명하옵소서.

시방삼세 변만하신 불보살님이시여, 저희들의 발원을 감응하시고 가피하옵소서.

사왕팔부 호법성중이시여, 저희들의 발원이 헛되지 않도록 수호하여 주옵소서.

-반절-

맺는 말

불법이 왜 가슴에서 멀어지고 있을까. 불법이 왜 쉽게 한다지만 어려워만 지고 있을까. 불법이 왜 정법이라 하면서 왜곡되고 있을까. 불법이 왜 역사와 전통을 계승하지 못하고 표류하고 있을까.

특정 근기에는 간화선도 좋고 위빠사나도 좋다. 그러나 특정 공간에서 소외된 더 많은 보통 불자에게는 멀고 어려워만 보인다.

염불수행은 민중들의 일상 속에서 노래처럼 타령처럼 전해오는 우리나라 불교의 정통 맥을 이은 쉬우면서도 가장 영험 있는 수행이다.

돌아와야 한다. 더 이상 멀어지지 말고, 더 이상 왜곡하지 말고, 더 이상 표류하지 말고, 전통 속으로 민중 속으로 돌아와야 한다.

참고 문헌

『금강경오가해』, 운홍사 목판본
『바른한글 반야심경』, 명봉강백 강술
『금강경강화』, 김월운 강술
『유마경』, 무비스님 강설
『금강경강의』, 오쇼 라즈니쉬
『아함경 이야기』, 이원섭 옮김
『지혜마저 잊어라』, 이동초 저
『취봉원고』, 취봉당 정원 술
『염불명상』, 학봉당 준수 편역

학봉당鶴峰堂 준수峻秀, 자호 태안泰安

78년 양산 통도사에서 청하淸霞대종사를 은사로 준수峻秀라는 법명을 받고, 통도사 불교전문강원 志安강주 강하에서 사미과를 수료하다.

79년 봉선사 홍법강원에서 月雲강백 강하에서 내전을 수학하다 96년 능엄학림을 개설하고 화엄경청량소초를 연찬하다 98년 졸업과 동시 전강傳講을 받고 학봉鶴峰이란 당호를 받다.

1992년 중앙승가대학을 졸업하고 송광사 서울지부 법련사 불일청년회 지도법사 그리고 미국 L,A 고려사 법사 역임하다.
98년 영천 은해사 승가대학원 無比강백 강하에서 화엄경을 청강하다.

현재 광주시 퇴촌면 관음리 좋은도량에서 염불정진 중이다. 편저로는 『화엄경청량소과도집』, 『사교과도집』, 『염불명상』 등이 있다.

금 강 경
위대한 명상

초판 발행	2014년 6월 4일
지은이	학봉당 준수
발행인	이상미
발행처	도서출판 도반
편집팀	김광호, 황지영
대표전화	031-465-1285
이메일	doban0327@naver.com
주소	경기도 안양시 만안구 안양로332번길 32
ISBN	978-89-97270-14-9